리얼 관광 일본어 1

저자
이경수
박민영
송정식
김진희
미네자키 도모코

시사일본어사

머리말

　일본이라는 나라는 많이 알고 있는 것 같지만 잘 모르는 나라이고, 또 잘 모르고 있는 것 같은데 사실은 많이 알고 있는 나라이기도 합니다. 일본인이 한국에 와서 친숙한 느낌을 갖고, 우리가 일본에 가서도 위화감이 적은 이유는 아마도 생김새나 의상, 음식, 주택 사정 등 생활 양식이 전반적으로 우리와 유사하기 때문이겠지요. 이 책은 한국인이 일본에서 체험한 것을 바탕으로, 또 일본인이 한국에서 체험한 것을 바탕으로 이루어져 있습니다. 한국인이 이것만은 알고 일본에 가면 많은 도움이 될 것들과, 알고 있는 일본인이 한국에 오면 이것만은 보여주고 알려주어야 하는 것들을 중심으로 엮으려고 노력하였습니다. 우선 기본적으로 일본어의 문자와 발음을 익힌 후 본격적인 일본어 학습에 돌입합니다. 각 과는 먼저 본문 회화를 통하여 전반적인 양국의 문화를 접할 수 있도록 하였고, 본문 회화에 나오는 단어와 관용 표현을 공부한 후 예문을 통하여 문법을 정리했으며, 주요 인토네이션 연습과 응용 회화를 통하여 심화 학습을 꾀하였습니다. 또한 연습문제를 통하여 배운 내용을 다시 한번 학습하고, 마지막으로 칼럼에 우리 문화와 일본 문화를 소개하여 상호 이해를 도울 수 있도록 하였습니다. 네 명의 젊은 연구자와 한 명의 일본인으로 구성된 저희 집필진들의 다년간의 일본 생활과 한국 생활을 통하여 각자가 보고 느끼고 겪은 것을 취합하여 실제로 일본어 학습에 도움이 될 수 있도록 이 책에 최대한 재현해 놓았습니다. 때문에 이 책은 무엇보다도 '생생한 현장감을 느낄 수 있다'는 장점을 가지고 있습니다. 더불어 관광 안내자뿐만 아니라 우리 모두가 기본적으로 알아야 할 내용으로 스토리 라인을 구성하였기에 각 과마다 흥미로우며, 어느 누구라도 입문에서 중급까지 이 한 권의 책으로 소화할 수 있게 체계적인 짜임새를 갖추도록 노력하였습니다. 이 책이 일본어의 습득은 물론 그들의 문화와 한일 서로간의 상호 이해에도 많은 도움이 되길 바라며, 나아가 한국과 일본이 더 이상 가깝고도 먼 나라가 아닌 진정한 의미에서 서로 믿고 신뢰하는 가깝고도 가까운 나라로서, 진정한 파트너로서 좋은 관계가 유지되기를 소망하는 바입니다.

구성과 특징

본 교재는 집필진들의 다년간의 일본 생활과 한국 생활을 통하여 체험한 것을 일본어 습득에 도움이 되도록 최대한 재현해 놓은 책입니다. 생생한 현실감과 함께 스토리성이 가미된 본문 회화를 통해 일본어 공부뿐만 아니라 일본에 대한 흥미로운 사실을 엿볼 수 있을 것입니다.

리얼 관광 일본어 스토리 라인

일본인의 한국 체험

한국인 김지호 씨와 그의 부인 박미나 씨가 친분이 있는 일본인 부부 스즈키 교코 씨와 스즈키 다카오 씨에게 서울 관광을 시켜줍니다. 이들은 번화한 서울 시내도 구경하고, 삼계탕과 한정식 등의 한국 음식도 체험하고, 우리의 음주 문화도 배웁니다. 또한 유명한 관광지로서 우리의 고전과 현대를 함께 볼 수 있는 인사동 거리, 조선시대 건축물과 생활 양식을 한눈에 볼 수 있는 민속촌, 한국의 대표적 관광지인 신라 천년의 고도 경주도 찾아가 즐거운 시간을 보냅니다. 경주를 끝으로 이들 부부는 한국에서의 마지막을 아쉬워하며 일본에서 다시 만날 것을 약속하며 헤어집니다.

한국인의 일본 체험

일본에서 재회한 김지호 씨 부부와 스즈키 씨 부부. 일본 현지에서 교코와 다카오의 안내를 받으며, 도쿄의 가장 번화한 거리인 신주쿠를 구경하고 회전 초밥을 먹고 우에노 공원 산책도 합니다. 또 상업 도시인 오사카와 일본 천년의 수도 교토에서 일본의 역사와 문화를 보고 느끼고 교토 지역의 사투리까지 배우며 우리나라의 경주와 비교해 보기도 합니다. 마지막 날, 그동안의 피로를 풀기 위해 벳푸에 가서 온천을 즐긴 후 작별 인사를 나누며 귀국합니다.

✦ 본문 회화 ✦

김지호 씨 부부와 다카오 씨 부부의 대화를
통해 전반적인 한일 문화를 접할 수 있도록
하였습니다.

✦ 새 단어 ✦

본문 회화에 나오는 새로운 단어를
수록했습니다.

✦ 관용 표현 ✦

각 과에서 나오는 일본인들이 자주 쓰는
관용 표현을 정리해 놓았습니다.

✦ 문법 정리 ✦

각 과의 주요 문법 사항을 예문과 함께
알기 쉽게 설명했습니다.

✦ 응용 회화 ✦

회화 및 문법에서 다룬 내용을
응용한 문장을 듣고 억양을 체크
할 수 있도록 했습니다.

✦ 연습문제 ✦

문법 사항과 본문 회화를 반복 연습할 수 있도록
다양한 문제를 제시하였습니다.

✦ 칼럼 ✦

한국과 일본의 문화 비교를 통해 상호 이해를
도울 수 있도록 꾸몄습니다.

차례

등장인물

스즈 키 다카 오
鈴木孝夫
ラーメン店経営(라면가게 경영)

스즈 키 교 코
鈴木京子
区役所職員(구청 직원)

김 지 호
キム ジホ
貿易会社勤務(무역회사 근무)

박 미 나
パク ミナ
主婦(주부)

일본어의
문자와 발음

1. 문자

일본어의 문자는 히라가나, 가타카나, 한자로 구성되어 있다. 히라가나는 한자를 흘려서 만든 것으로, 9세기 말~10세기 초 성립되었을 때는 50개였으나 현재 46개가 남아 있다. 가타카나는 10세기 경에 성립된 것으로, 중국 한자의 획을 중심으로 모방 또는 한 부분을 떼어내 만든 것이다. 일본에서 쓰이는 한자는 음독과 훈독이 있다. 음독은 한자음을 그대로 읽는 것이고 훈독은 각각 한자의 의미를 나타낸다. 4~5세기 백제의 왕인이 천자문과 논어를 일본에 전한 것이 시초이다. 일본어와 우리말은 음절 문자로 교착어이다.

2. 발음

1 오십음도

ひらがな

	あ단	**い**단	**う**단	**え**단	**お**단
あ행	あ a	い i	う u	え e	お o
か행	か ka	き ki	く ku	け ke	こ ko
さ행	さ sa	し shi	す su	せ se	そ so
た행	た ta	ち chi	つ tsu	て te	と to
な행	な na	に ni	ぬ nu	ね ne	の no
は행	は ha	ひ hi	ふ fu	へ he	ほ ho
ま행	ま ma	み mi	む mu	め me	も mo
や행	や ya		ゆ yu		よ yo
ら행	ら ra	り ri	る ru	れ re	ろ ro
わ행	わ wa				を o
	ん n				

カタカナ

	ア단	**イ**단	**ウ**단	**エ**단	**オ**단
ア행	ア a	イ i	ウ u	エ e	オ o
カ행	カ ka	キ ki	ク ku	ケ ke	コ ko
サ행	サ sa	シ shi	ス su	セ se	ソ so
タ행	タ ta	チ chi	ツ tsu	テ te	ト to
ナ행	ナ na	ニ ni	ヌ nu	ネ ne	ノ no
ハ행	ハ ha	ヒ hi	フ fu	ヘ he	ホ ho
マ행	マ ma	ミ mi	ム mu	メ me	モ mo
ヤ행	ヤ ya		ユ yu		ヨ yo
ラ행	ラ ra	リ ri	ル ru	レ re	ロ ro
ワ행	ワ wa				ヲ o
	ン n				

2 청음(清音) 🎧 1-01

청음은 말 그대로 맑은 음으로 성대가 진동하지 않는 무성음이다.

あ행	あ	ア	い	イ	う	ウ	え	エ	お	オ
	a		i		u		e		o	

· あい 사랑　　· おい 조카

か행	か	カ	き	キ	く	ク	け	ケ	こ	コ
	ka		ki		ku		ke		ko	

· かき 굴　　· こえ 목소리

さ행	さ	サ	し	シ	す	ス	せ	セ	そ	ソ
	sa		shi		su		se		so	

· さけ 술　　· すし 초밥

た행	た	タ	ち	チ	つ	ツ	て	テ	と	ト
	ta		chi		tsu		te		to	

· つき 달　　· とり 새

な행	な	ナ	に	ニ	ぬ	ヌ	ね	ネ	の	ノ
	na		ni		nu		ne		no	

· なし 배　　· ねこ 고양이

は행	は	ハ	ひ	ヒ	ふ	フ	へ	ヘ	ほ	ホ
	ha		hi		fu		he		ho	

· はと 비둘기　　· ほし 별

ま행	ま	マ	み	ミ	む	ム	め	メ	も	モ
	ma		mi		mu		me		mo	

· みせ 가게　　· むし 벌레

や행	や ヤ		ゆ ユ		よ ヨ	
	ya		yu		yo	

· やま 산　· ゆめ 꿈

ら행	ら ラ	り リ	る ル	れ レ	ろ ロ
	ra	ri	ru	re	ro

· さら 접시　· りす 다람쥐

わ행	わ ワ			を ヲ
	wa			o

· にわ 정원　· あれを 저것을 (を의 발음은 お와 같고, 조사 '을/를'로만 쓰인다)

	ん ン		
	n		

· ほん 책

3 탁음(濁音)  1-02

가나에 탁점 부호「ﾞ」를 붙인 것을 말하며 성대를 진동시켜 내는 유성음이다. 반면에「さ, た」와 같은 청음은 무성음으로 성대 진동을 하지 않는다.
우리말에서 '강남'의 [강]은 청음 /k/이고, '한강'의 [강]은 탁음 /g/이다.

が행	が ガ	ぎ ギ	ぐ グ	げ ゲ	ご ゴ
	ga	gi	gu	ge	go

· かき 감　· かぎ 열쇠　· かんこく 한국　· かんごく 감옥

ざ행	ざ ザ	じ ジ	ず ズ	ぜ ゼ	ぞ ゾ
	za	ji	zu	ze	zo

· さる 원숭이　· ざる 소쿠리　· そう 그래　· ぞう 코끼리

だ 행	だ ダ	ぢ ヂ	づ ヅ	で デ	ど ド
	da	ji	zu	de	do

· とく 덕　　· どく 독　　· ちかん 치한　　· じかん 시간

ば 행	ば バ	び ビ	ぶ ブ	べ ベ	ぼ ボ
	ba	bi	bu	be	bo

· はす 연꽃　　· バス 버스　　· ふじ 등나무　　· ぶじ 무사함

4 반탁음(半濁音) 🎧 1-03

ぱ행의 음절 ぱ, ぴ, ぷ, ぺ, ぽ로 무성음이다. 「は」행 상단에 반탁음 부호 「˚」가 붙은 글자를 말한다.
양 입술을 서로 대고 [ㅃ]에 가깝게 발음한다.

ぱ 행	ぱ パ	ぴ ピ	ぷ プ	ぺ ペ	ぽ ポ
	pa	pi	pu	pe	po

· べんり 편리　　· ペン 펜　　· バンク 은행　　· パンク 펑크

5 요음(拗音) 🎧 1-04

일본어 발음 중에 가장 어려운 것이 요음이다.
직음인 「き, し, ち, に, ひ, み, り」의 오른쪽에 작은 글씨 「や, ゅ, ょ」를 붙여서 「きゃ」와 같이 두 개
의 음이 하나가 되어 한 박으로 발음한다.

か 행	きゃ キャ	きゅ キュ	きょ キョ
	kya	kyu	kyo
	ぎゃ ギャ	ぎゅ ギュ	ぎょ ギョ
	gya	gyu	gyo

· きゃく 객, 손님　　· きょか 허가　　· ぎゃく 반대　　· にんぎょ 인어

さ행	しゃ シャ		しゅ シュ		しょ ショ	
	sha		shu		sho	
	じゃ ジャ		じゅ ジュ		じょ ジョ	
	ja		ju		jo	

- しゃしん 사진　・しゅみ 취미　・じゅう 십(10)　・かのじょ 그녀

た행	ちゃ チャ		ちゅ チュ		ちょ チョ	
	cha		chu		cho	

- おちゃ 차　・ちょきん 저금

な행	にゃ ニャ		にゅ ニュ		にょ ニョ	
	nya		nyu		nyo	

- こんにゃく 곤약　・にょきにょき 쭉쭉

は행	ひゃ ヒャ		ひゅ ヒュ		ひょ ヒョ	
	hya		hyu		hyo	
	びゃ ビャ		びゅ ビュ		びょ ビョ	
	bya		byu		byo	
	ぴゃ ピャ		ぴゅ ピュ		ぴょ ピョ	
	pya		pyu		pyo	

- ひゃく 백(100)　・ひょう 표　・さんびゃく 삼백(300)
- びょういん 병원　・はっぴゃく 팔백(800)　・ねんぴょう 연표

ま행	みゃ ミャ		みゅ ミュ		みょ ミョ	
	mya		myu		myo	

- みゃく 맥　・みょうじ 성(씨)

ら행	りゃ リャ		りゅ リュ		りょ リョ	
	rya		ryu		ryo	

- りゃく 생략　・りょうり 요리

6 장음(長音)

한 음절의 길이를 한 박으로 하기 때문에 충분히 길게 발음해서 단음과 장음을 구별해 연습해야 한다.

✿ ひらがな 히라가나

あ단	[-a] + あ → [aa] ・おばさん 아주머니　　・おばあさん 할머니	
い단	[-i] + い → [ii] ・おじさん 아저씨　　・おじいさん 할아버지	
う단	[-u] + う → [uu] ・ゆき 눈　　・ゆうき 용기	
え단	고유어	[-e] + え → [ee] ・え 그림　　・ええ 예
	한자어	[-e] + い → [ee] ・せんせい 선생님　　・かせ(貸せ) 빌려 줘　　・かせい(火星) 화성
お단	대부분	[-o] + お → [oo] ・とり 새　　・とおり 길
	일부	[-o] + う → [oo] ・がっこう 학교　　・かっこ 괄호　　・かっこう 꼴, 모양

✿ カタカナ 가타카나

가타카나의 장음은 「一」로 나타낸다.

- ・カード 카드　　・ビール 맥주　　・スープ 수프
- ・ケーキ 케이크　　・ノート 노트

7 촉음(促音)

촉음은 「つ」를 작게 표기한 것으로 받침 역할을 하며 한 박으로 발음해야 한다. 촉음 「っ」는 뒤에 어떤 행의 음이 오느냐에 따라 발음이 달라진다.

か행 → [k]	・がか 화가 : がっか 학과	・がっこう 학교
さ행 → [s]	・ざっし 잡지	・しゅっせき 출석
た행 → [t]	・おと 소리 : おっと 남편	・みっつ 세 개
ぱ행 → [p]	・いっぱい 가득	・きっぷ 표

8 발음(撥音)

발음(撥音)은 한 박자의 길이를 가지며 뒤에 오는 음에 따라 발음이 달라진다. 표기는 「ん」으로 한다.

「ば、ぱ、ま」행 [b, p, m] 앞 → [m]
・こんぶ 다시마 ・おんぷ 음표 ・ぐんま 군마

「た、だ、な、ら、さ、ざ」행 [t, d, n, r, s, z] 앞 → [n]
・でんち 건전지 ・げんだい 현대 ・あんない 안내 ・しんり 심리 ・せんせい 선생님

「か、が」행 [k, g] 앞 → [ŋ]
・かんこくご 한국어 ・にほんご 일본어

「は」행 [h], 「あ」행(あ、い、う、え、お), 반모음(や、ゆ、よ、わ) 앞 → [N]
비모음으로 혀는 어디에도 닿지 않는다. 발음하기 어려운 사람은 [ŋ]으로 발음해도 된다.
・きんえん 금연 ・でんわ 전화

「ん」이 어말에 올 때 → [N]
[ŋ] 보다 조금 뒤에서 발음되고, 혀가 어디에도 닿지 않는다. 발음하기 어려운 사람은 [ŋ]으로 발음해도 된다.
・じかん 시간 ・ぺん 펜

---

9 일본어 악센트의 특징

① 일본어의 악센트는 고저 악센트이다.

② 첫 음절과 둘째 음절은 반드시 악센트의 위치가 바뀐다.

③ 악센트가 한번 내려가면 다시 올라가지 않는다.

• 내려가는 곳이 없다 ……	さら	すいか
• 어두에서 내려간다 ……	あさ	かさ
• 어중에서 내려간다 ……	たまご	あおい
• 어미에서 내려간다 ……	さかが	いえが

10 박(拍)

박은 일본어에서 가장 기본적인 최소의 리듬 단위(모라)이다. 발음「ん」, 장음「一」, 촉음「っ」 모두 한 박이며, 요음은 앞에 오는 자음과 합쳐져 한 박이 된다.

11 일본어 모음의 무성화

모음은 유성음으로 성대가 진동하지만 예외로 성대가 진동하지 않고 무성(음)이 되는 경우가 있다. 즉, 입 모양만으로 소리를 나타내는 것이며 실제로 들리지는 않는다. 이를 모음의 무성화 현상이라고 한다.

① 모음 [i]나 [u]가 무성 자음(か, さ, た, は, ぱ행의 자음) 사이에 놓일 때

  • すし [sushi]   • きた [kita]

② 「～です」, 「～ます」로 문장이 끝난 경우의 마지막 「す(su)」

  • ききます [kikimasu]   • さちこです [sachikodesu]

3. 기초적인 발음을 해 보자.

1 인사의 오아시스 🎧 1-05

おはようございます 안녕하세요

ありがとうございます 고맙습니다

しつれいします 실례합니다

すみません 미안합니다

● 다음 발음을 듣고 알맞은 답을 고르세요. 🎧 1-06

例				
	a. ち	b. し	c. す	ⓓ つ

1

①	a. じ	b. し	c. ぢ	d. ち
②	a. ぎゅ	b. きゅ	c. ぎゅう	d. きゅう
③	a. じょ	b. ぞ	c. じょう	d. ぞう
④	a. ちゅ	b. しゅ	c. す	d. じゅ
⑤	a. パン	b. バン	c. パー	d. バー

2

①	a. かいこく	b. がいこく
②	a. たいがく	b. だいがく
③	a. てんき	b. でんき
④	a. びょういん	b. びよういん
⑤	a. じゅう	b. じゆう
⑥	a. ひゃく	b. ひやく
⑦	a. ビル	b. ビール
⑧	a. ゆそう	b. ゆうそう
⑨	a. かこ	b. かこう
⑩	a. さか	b. さっか
⑪	a. いけん	b. いっけん
⑫	a. おと	b. おっと
⑬	a. しんあい	b. しあい
⑭	a. せんえん	b. せんねん
⑮	a. きんえん	b. きんねん

🎧 1-07

| キム | 鈴木さん、こちらでーす。 |
すずき

| 京子 | ああ、キムさん。こんにちは。お久しぶりです。 |
ひさ

| キム | お久しぶりですね。こちらは、私の家内です。 |
わたし　かない

| パク | はじめまして。パクミナです。 |

| 京子 | 鈴木京子です。どうぞよろしくお願いします。 |
すずき きょうこ　　　　　　　　　　ねが

空港くうこう	공항
～で	[장소] ~에서
～さん	○○ 씨, ○○ 님
こちら	이쪽
～です	~입니다
ああ	[감탄사] 아아
こんにちは	안녕하세요
お久ひさしぶりです	오래간만입니다
～ね	~네요, ~군요
～は	~은(는)
私わたし，わたくし	나, 저
～の～	~의 ~
家内かない	아내, 집사람
はじめまして	처음 뵙겠습니다
どうぞ	부디, 아무쪼록
よろしく	잘
お願ねがいします	부탁합니다

관용 표현

✦ こんにちは。 (낮 인사) 안녕하세요.

✦ お久しぶりです。 오래간만입니다.

✦ はじめまして。 처음 뵙겠습니다.

✦ どうぞよろしくお願いします。 부디 잘 부탁합니다.

문법 정리

문법❶ ~さん

「~さん」은 다른 사람의 이름 뒤에 붙여서 경의를 표하는 말이다. 우리말의 「○○ 씨」, 「○○ 님」에 해당하지만 훨씬 폭넓게 남녀노소 구분 없이 윗사람에게도 쓸 수 있다. 다만 「先生」, 「社長」처럼 원래 존경의 의미가 들어있는 말에는 붙이지 않으며 자기 자신의 이름에도 붙이지 않는다. 처음 소개받을 때는 이름 전체에 붙이기도 하지만 대개는 성에 붙여 사용한다.

• 鈴木さん　스즈키 씨

• キムさん　김○○ 씨

문법❷ ~は

「~は」는 주제를 나타내는 조사로서 우리말의 '~은(는)'에 해당한다.

• こちらは、私の家内です。　이쪽은 제 아내입니다.

• 私は学生です。　나는 학생입니다.

• 金さんは先生です。　김○○ 씨는 선생님입니다.

22

문법❸ **명사문 〈현재형〉N です / N ではありません**

「~です」는 명사 뒤에 붙어 명사를 서술한다. '~입니다'라는 뜻의 정중한 표현이다.

- 鈴木さん、こちらです。 스즈키 씨, 이쪽입니다.
- こちらは、私の家内です。 이쪽은 제 아내입니다.
- パクミナです。 박미나입니다.

「~ではありません」 또는 「~じゃありません」은 명사문의 부정형으로, '~이(가) 아닙니다'라는 뜻의 정중한 표현이다.

- 空港はこちらではありません。 공항은 이쪽이 아닙니다.
- 私は日本人ではありません。 나는 일본 사람이 아닙니다.

문법❹ **N の N**

일본어에서는 보통 명사와 명사를 연결할 때 조사 「~の」가 들어간다.
이 경우 「の」의 해석은 다음과 같이 앞이나 뒤에 오는 명사의 의미에 따라 해석이 안 될 때도 있고, 소유격(~의)이나 동격(~인)으로 해석될 때도 있다.

- つくえの上 책상 위
- 私の家内 제(저의) 집사람
- 友だちの鈴木孝夫 친구인 스즈키 다카오

～ね

문말에 쓰이는 종조사 「ね」는 문장의 느낌을 부드럽게 하면서 가볍게 상대방에게 동의를 구하는 뜻을 가지고 있다.

- A : お久しぶりです。　오래간만입니다.
  　　　 ひさ
  B : お久しぶりですね。　오래간만이네요.

- A : 金さんは、サッカーの選手です。　김○○ 씨는 축구 선수입니다.
  　　　　　　　　　　　 せんしゅ
  B : すごいですね。　대단하군요.

〈지시, 방향〉을 나타내는 こちら, そちら, あちら, どちら

「こちら」, 「そちら」, 「あちら」는 말하는 사람과 대상의 위치 관계를 나타내는 지시어로서, 「こちら(이쪽)」, 「そちら(그쪽)」, 「あちら(저쪽)」라는 방향을 나타낸다.
의문형으로 '어느 쪽'이냐고 물을 때는 「どちら」를 사용한다.

- こちらは、私の家内です。　이쪽은 제 아내입니다.

- そちらは大丈夫ですか。　그쪽은 괜찮습니까?
  　　　　だいじょう ぶ

- 空港はあちらです。　공항은 저쪽입니다.

応用会話

🔊 **인토네이션 체크** 🎧 1-08

はじめまして。

お久(ひさ)しぶりです。

どうぞ よろしく お願(ねが)いします。

1 A : こちらは、私(わたし)の主人(しゅじん)です。

   B : はじめまして。鈴木孝夫(すずきたかお)と申(もう)します。

2 A : キムさん、こんにちは。

   B : 鈴木(すずき)さん、こんにちは。韓国(かんこく)へようこそ。

3 A : はじめまして。ソウル旅行代理店(りょこうだいりてん)のジョンと申(もう)します。
     よろしくお願いします。 (명함을 건네주고)

   B : (명함을 받으며) こちらこそ、よろしくお願いします。

4 A : 空港(くうこう)はこちらですか。

   B : こちらではありません。あちらです。

📻 **새 단어**

主人(しゅじん) 남편, 바깥양반	韓国(かんこく) 한국	ソウル 서울
～と [인용] ~라고	～へ ~(으)로, ~에	旅行代理店(りょこうだいりてん) 여행사
申(もう)します (말)합니다	ようこそ 잘 오셨습니다	～こそ ~야말로

練習問題

1 단어의 뜻을 생각하면서 ☐ 안에 알맞은 글자를 써 보세요.

① 나 … わ☐し

② 이쪽 … こ☐☐

③ 처음 뵙겠습니다 … はじめ☐☐☐

2 보기 와 같이 말해 보세요.

보기

　　放送大学のイ
　　→ 放送大学のイと申します。

① 韓国旅行代理店のユン

　　→ _____

② 韓国大学のパク

　　→ _____

③ KTTのキム

　　→ _____

3 (　　　　) 안의 말을 사용하여 대화해 보세요.

> **보기**
>
> A: はじめまして。イと申します。よろしく お願いします。
>
> B: はじめまして。山田と申します。
>
> こちらこそよろしくお願いします。(**山田**)

① A: お久しぶりですね。

   B: ええ、_____（ほんとうに）

② A: こんにちは。山田さん。

   B: こんにちは。_____（キム）

③ A: よろしくお願いします。

   B: こちらこそ、_____（どうぞ）

4 주어진 단어를 밑줄 친 곳에 넣어 말해 보세요.

> **보기**
>
> A: こちらは韓国旅行代理店のユンさんです。
>
> B: はじめまして。ユンと申します。どうぞよろしくお願いします。
>
> C: はじめまして。鈴木です。こちらこそよろしくお願いします。

	A	B	C
①	韓国旅行代理店のイ	イ	佐藤 さ とう
②	韓国大学のパク	パク	山田 やま だ
③	KTTのキム	キム	田中 た なか

韓国に来る人のために

한국에 오는 사람들을 위해서

우리도 그렇듯 일본 사람들도 한국의 관습이나 생활 양식을 잘 몰라 난처해하는 경우가 많다. 다음 사항들 정도는 미리 알려주어 당황하지 않도록 배려하자.

첫째, 한국 호텔, 유카타도 때밀이(세신 서비스)도 없다!

한국의 호텔에는 일본처럼 실내복(浴衣)이 준비되어 있지 않으므로 개인적으로 준비해 오는 것이 좋으며, 세신 서비스(垢すりサービス) 등도 호텔 서비스가 아니다.

둘째, 물건을 살 때는 무조건 깎아야 한다?!

예전과 달리 요즘은 정찰제가 많이 실시되고 있다. 가격표가 붙어 있지 않은 경우에는 주인과 흥정해 볼 수 있지만, 무조건 가격을 깎으려 하지는 말기를!

셋째, 버스 혹은 택시?!

일본의 시내버스는 단거리 운행이 대부분이어서 시각표대로 움직이지만, 한국은 장거리를 달리는 버스가 많아서 시각표나 간격을 정확히 맞출 수 없는 실정이라 시간대로 오지 않는 경우가 있다. 버스 정류장에 있는 버스 정보 안내 단말기(Bus Information Terminal)나 휴대폰의 버스 정보 어플을 통해 노선도 및 도착 시간 등을 미리 알아보면 편리하다. 일반 택시의 경우도 격무와 교통체증으로 인해 일본보다 운전 매너가 거친 편이므로 걱정이 되면 모범택시를 타자.

넷째, 공짜로 가이드 받자!

궁이나 박물관 등 대부분의 유명 관광 명소에는 자원봉사(ボランティア)로 일본어 통역을 해주는 관광 안내원이 있다. 미리 부탁을 해 두면 한국에 대해 좀 더 깊이 알 수 있을 것이다.

다섯째, 부러지는 상다리!

한국의 음식점은 다 못 먹어서 남길 정도로 많은 반찬이 나오고 리필(お代わり)도 가능하다. 또 관광지의 유명 음식점은 일행이 5~6명 이상 되면 차로 데리러 와 주고 숙소까지 데려다주기도 하므로 미리 예약하면 편하고 맛있는 식사를 즐길 수 있다. 한편 매운 음식이 많아서 이에 익숙지 않은 일본인들은 쉽게 배탈이 날 수 있으므로 위장약(胃腸薬)이나 지사제(下痢止め) 등을 미리 준비해 오는 것이 좋다.

はじめて日本に行く時、これだけは!

일본에 갈 때 이것만은 (알고 가자)!

여행을 계획할 때 가장 도움이 되는 것은 아마도 현지인들의 조언일 것이다. 그러나 아는 사람이 하나도 없다고 하더라도 크게 걱정하지는 말자. 다음 사항들만 알고 가면 의외로 가뿐한 여행을 즐길 수 있을 테니까!

첫째, 호텔 안내 데스크에서 정보를 입수하자!

일단 호텔에 도착하면 카운터에서 주변의 약도나 관광 안내지를 받아 이것저것 물어보자. 역이나 호텔 바로 앞보다는 좀 떨어진 식당이나 상점이 가격이 싼 편이니까. 그리고 일본의 쇼핑센터나 슈퍼는 저녁 8시면 문을 닫으므로 근처 편의점의 위치를 꼭 확인해 두자.

둘째, 전압은 다 100V?!

주요 도시의 유명 호텔에는 100V와 200V의 콘센트가 있으나, 가정용 전류는 일본 전국 공통으로 교류 100V이다. 그러므로 출발하기 전에 사용할 전기제품의 전압을 반드시 확인하고 가자. 잘못 가져갔다가는 어깨만 무겁게 하는 짐이 될 뿐이니까! 또한 전자제품 구입시에도 일본 국내용과 국외용이 따로 있으니 잘 살펴보고 사기 바란다.

셋째, 차는 좌측통행, 사람은 우측통행!

일본은 우리와 반대로 차가 좌측통행이고 운전석이 오른쪽이므로 혹시라도 운전을 하게 된다면 통행 방향을 항상 염두에 두어야 한다. 또한 길을 건널 때에도 왼쪽이 아닌 오른쪽에서 차가 온다는 것을 잊지 말도록 하자.

넷째, 상냥한 파출소!

여행 중 길을 잃거나 곤란한 상황에 처했을 때에는 주저 없이 가까운 파출소(交番)의 문을 두드리자. 친절한 일본인의 이미지를 파출소에서도 고스란히 느낄 수 있어서 도움을 요청하면 기꺼이 도와줄 것이다.

다섯째, 배고픈 음식점!

음식 인심이 후한 우리나라와 달리 일본의 음식점은 그 흔한 단무지 하나도 공짜로 주는 법이 없다. 이는 일본의 한국식 음식점도 마찬가지로, 반찬도 따로따로 주문해야 하는 경우가 대부분이고 모자란다고 더 주는 경우도 없다. 야박하게 보일지도 모르겠지만 일본의 비싼 물가를 생각한다면 이해가 가기도 한다.

Lesson 02

空港からソウルまで
くうこう

キム	ホテルは明洞ですね。 ミョンドン
京子	ええ。明洞まで、どれくらいですか。
キム	リムジンバスで1時間半ぐらいです。チケット売り場は いちじかんはん　　　　　　　　　　　　　　　　　　　う　ば あそこです。
京子	チケットはいくらですか。
キム	７千ウォンです。 ななせん
パク	韓国は、初めてですか。 かんこく　　　　はじ
京子・孝夫	はい、初めてです。

30

〜から	〜(에서)부터
〜まで	〜까지
ホテル	호텔
ええ	네(「はい」보다 가벼운 대답)
どれくらい	어느 정도, 얼만큼
〜か	[의문] 〜까?
リムジンバス	리무진 버스
〜で	[수단, 방법] 〜(으)로
1時間いちじかん	한 시간
半はん	반, 30분
〜ぐらい	〜정도
チケット	표, 티켓
売うり場ば	파는 곳
あそこ	저기
いくら	얼마
千せん	천
〜ウォン	〜원
初はじめて	처음, 처음으로
はい	네

관용 표현

✦ はい。 네.

✦ ええ。 네.

✦ 韓国は、初めてですか。 한국은 처음입니까?

✦ チケットはいくらですか。 표는 얼마입니까?

문법 정리

문법❶ ～から

「～から」는 출발이나 시작되는 기점을 나타내는 조사로서, 우리말의 '~(에서)부터'에 해당한다.

- 空港からソウルまで。 공항에서 서울까지.

- A：韓国から日本までどれくらいですか。 한국에서 일본까지 어느 정도입니까?
  B：2時間ぐらいです。 2시간 정도입니다.

문법❷ ～まで

「～まで」는 끝나는 지점을 나타내는 조사로서, 우리말의 '~까지'에 해당한다.

- A：明洞まで、どれくらいですか。 명동까지 어느 정도입니까?
    ミョンドン
  B：リムジンバスで1時間半ぐらいです。 리무진 버스로 한 시간 반 정도입니다.

- ソウルから釜山までは、5時間ぐらいです。 서울에서 부산까지는 5시간 정도입니다.
        プサン
- 仕事は金曜日までです。 일은 금요일까지입니다.
  し ごと

～で

조사 「～で」는 여러 가지 의미를 갖고 있는데, 수단·방법을 나타낼 때는 '~(으)로'라고 해석한다.

- リムジンバスで1時間半ぐらいです。 리무진 버스로 한 시간 반 정도입니다.

- 日本人はご飯をおはしで食べます。 일본 사람은 밥을 젓가락으로 먹습니다.

～か

「～か」는 문말에 붙어 질문·의문을 나타낸다.

- A：チケットはいくらですか。 표는 얼마입니까?

  B：7千ウォンです。 7천 원입니다.

- A：韓国は、初めてですか。 한국은 처음입니까?

  B：はい、初めてです。 예, 처음입니다.

〈장소〉를 나타내는 ここ, そこ, あそこ, どこ

「ここ」, 「そこ」, 「あそこ」는 말하는 사람과 대상과의 위치 관계를 나타내는 지시어로서, 「ここ (여기)」, 「そこ(거기)」, 「あそこ(저기)」라는 장소를 나타낸다.
의문형으로 '어디'냐고 물을 때는 「どこ」를 사용한다.

- ここはソウルです。　여기는 서울입니다.

- ホテルはそこです。　호텔은 거기입니다.

- チケット売り場はあそこです。　매표소는 저기입니다.

- 空港はどこですか。　공항은 어디입니까?

応用会話

🔊 **인토네이션 체크** 🎧 1-10

は｜い。

え｜え。

1　A : 空港から、大学路まで、どれくらいですか。
　　　くうこう　　　　　テ ハン ノ

　　B : 1時間ちょっとです。
　　　　いち じ かん

2　A : バス乗り場はここですか。
　　　　　　の　　ば

　　B : いいえ、ここじゃ(では)ありません。あそこです。

3　A : 蚕室までタクシーでいくらですか。
　　　チャムシル

　　B : 4万ウォンぐらいです。
　　　　よんまん

4　A : ホテルはどこですか。

　　B : 明洞です。
　　　　ミョンドン

🍱 **새 단어**

ちょっと 조금	ここ 여기, 이곳	タクシー 택시
バス 버스	～じゃ(では)ありません ~가 아닙니다	どこ 어디
乗のり場ば 타는 곳, 승강장		

練習問題

1 ☐ 안에 알맞은 가타카나를 써 보세요.

① hotel … ☐☐☐

② bus … ☐☐

③ ticket … ☐☐☐☐

2 주어진 단어를 밑줄 친 곳에 넣어 대화해 보세요.

> 보기
>
> **A:** <u>韓国</u>は初めてですか。
>
> **B:** はい、初めてです。

① ここ

② 日本

③ 温泉
　おんせん

3 ( ) 안에 알맞은 의문사를 골라 빈 칸에 써 넣으세요.

> 보기
>
> どれくらい　　　　　いくら　　　　　どこ

① **A:** チケットは( )ですか。

B: ３千５百ウォンです。
　　さんぜん ご ひゃく

② **A:** 東京駅まで( )ですか。
　　とうきょうえき

B: 車で４０分ぐらいです。
　　くるま　　よんじゅっぷん

③ **A:** ここは( )ですか。

B: ここはソウル駅です。

4 (   ) 안의 단어를 사용하여 질문에 답해 보세요.

明洞までどれくらいですか。(車、30分)

→ 車で３０分ぐらいです。

① ソウル駅までどれくらいですか。(でんしゃ、１時間)

→

② 学校までどれくらいですか。(じてんしゃ、１５分)
　がっこう　　　　　　　　　　　　　　　　　じゅうごふん

→

③ 病院までどれくらいですか。(バス、１０分)
　びょういん　　　　　　　　　　　　　じゅっ ぷん

→

韓国でタクシーに乗るときは?

한국에서 택시를 탈 때는?

한국의 대중교통 시설은 크게 버스, 지하철, 택시 세 가지로 나눌 수 있다. 이 중 택시는 여행객들이 가장 쉽고 편하게 이용할 수 있는 교통편 중의 하나로, 종류는 크게 일반형(一般型)과 고급형(高級型) 두 가지로 나눌 수 있다. 일본에는 없는 시스템으로, 일반적으로 고급형이 요금은 비싸지만 보다 편안하고 안전하다.

한국의 운전 습관이 일본에 비해 다소 거칠어 불안해 하는 사람이 있을 수도 있는데, 이때는 가격이 조금 비싸더라도 모범택시를 추천한다. 심야할증(深夜料金)이나 합승(相乗り)을 하는 일도 없으므로 안심하고 탈 수 있을 것이다.

또한 휴대 전화 어플이나 전화로 택시를 예약할 수도 있는데, 출발지와 도착지를 미리 지정할 수 있고 결제 방법도 다양해서 편리하다.

한편 관광 도시인 경주나 제주에는 관광객의 편의를 위해 적당한 가격에 흥정을 하여 기사가 딸린 개인택시(個人タクシー)를 하루 종일 이용할 수 있는 편리한 제도가 있다. 택시기사(タクシー運転手)는 간단한 외국어도 구사할 줄 알고, 관광지의 명소도 잘 파악하고 있으며, 원하면 사진 촬영에서 앨범 작업까지 해 주기도 하므로, 미리 호텔 프런트에 부탁해 두면 좋은 기사를 소개받을 수 있다.

- 일반택시 : 검은색 이외의 차체
  一般タクシー (黒以外の車体)

- 모범택시 : 검은색 차체에 노란색 캡
  模範タクシー (黒の車体に黄色のランプ)

日本ではタクシーを拾う?

일본에서는 택시를 줍는다?

도쿄의 택시 요금은 승차 후 1,052m까지는 기본 요금이고, 여기에 일정 거리마다 80엔씩 추가되며 밤 10시부터 아침 5시까지는 20%의 할증요금(割増料金)이 붙어 웬만해서는 택시를 탈 엄두도 못 낸다. 그러나 신용카드 사용이나 영수증 발행도 가능하고, 장거리를 가더라도 웃돈을 받는다거나 하는 일이 없고, 친절한 서비스로도 정평이 나 있으니 한 번쯤은 이용해 보는 것도 일본을 알 수 있는 좋은 경험이 될 것이다. 일본 택시의 대표적인 특징은 뒷문이 자동문이라는 점이다. 간혹 이 사실을 모르는 사람들이 직접 열려고 하는데 위험하므로 주의하도록 하자. 또 하나의 특징으로 일본의 택시 회사에서는 여러 회사가 같이 사용할 수 있는 회수권(回数券, 금액이 찍혀 있음)이나 택시 티켓(タクシーチケット)을 발행하여 할인된 가격으로 팔고 있다. 이 택시 티켓은 회사의 접대용이나 거래처 직원들이 돌아갈 때 사용할 수 있도록 제공되고 있다. 그리고 고급형 택시로 하이야(ハイヤー)라는 것이 있는데,

반드시 전화로 사용 일정과 시간 등을 미리 예약해야만 이용할 수 있다. 하이야는 고급 기종의 검은색 승용차로, 택시기사도 반드시 정복을 입고 운행하며, 요금도 택시 티켓에 사인을 해 주면 나중에 청구서가 오게 되어 있다. 한편 우리나라에서는 '택시를 잡다'라고 표현하지만 일본에서는 「拾う(줍다)」라는 동사를 써서 「タクシーを拾う(택시를 줍다)」라고 표현하므로 외워두자.

> ### 일본 택시의 표시등
>
> - 賃走 손님을 태우고 있을 때
>   ちんそう
> - 空車 빈차
>   くうしゃ
> - 回送 회사로 돌아가거나 식사나 휴식을 하러 갈 때
>   かいそう

🎧 1-11

孝夫　　この橋、長いですね。
　　　　はし　　なが

キム　　永宗大橋です。長さは4,420メートルです。
　　　　ヨンジョンおおはし

京子　　とてもいい景色ですね。
　　　　　　　　　　けしき

パク　　漢江の夜景もいいですよ。
　　　　ハンガン　　や けい

孝夫　　あそこは何ですか。
　　　　　　　　なん

パク　　金浦空港です。国内線の空港です。
　　　　キン ポ くうこう　　こくないせん

❖　　　❖　　　❖

キム　　ここがホテルです。

京子　　とても早かったですね。
　　　　　　　　はや

中_{なか}	안, 속
この〜	이~
橋_{はし}	다리
長_{なが}い	길다
〜メートル	~미터
大橋_{おおはし}	대교
長_{なが}さ	길이
とても	아주, 매우
いい・よい	좋은, 좋다
景色_{けしき}	경치
〜も	~도
夜景_{やけい}	야경
〜ですよ	~지요, ~예요
国内線_{こくないせん}	국내선
早_{はや}い	빠르다

관용 표현

✦ とてもいい景色ですね。 아주 좋은 경치군요.

✦ とても早かったですね。 아주 빨리 왔네요.

문법 정리

문법❶ 〜で

「〜で」는 여러 가지 의미를 갖고 있는데, 장소를 나타낼 때는 '〜에서'라고 해석한다.

- 空港で　공항에서
- リムジンバスの中で　리무진 버스 안에서
- タクシーの中で　택시 안에서

문법❷ 〜も

「〜も」는 우리말의 '〜도'에 해당하는 조사이다.

- A : とてもいい景色ですね。　아주 좋은 경치네요.

  B : 漢江の夜景もいいですよ。　한강의 야경도 좋아요.

- A : 金さんも大韓航空ですか。　김〇〇 씨도 대한항공입니까?

  B : はい、私も大韓航空です。　네, 저도 대한항공입니다.

～が

「～が」는 우리말의 주격을 나타내는 '~가(이)'에 해당하는 조사이다.

· ここがホテルです。 여기가 호텔입니다.
· 景色がいいです。 경치가 좋습니다.

～よ

문말에 쓰이는 종조사 「よ」는 상대방이 모르는 것을 알려주거나, 자신의 생각이나 주장을 강조할 때 자주 쓰인다.

· A : とてもいい景色ですね。 아주 좋은 경치네요.
  B : 漢江の夜景もいいですよ。 한강의 야경도 좋아요.

· A : 永宗大橋は長いですか。 영종대교는 길어요?
  B : はい、とても長いですよ。 4,420メートルです。 네, 아주 길어요. 4,420미터예요.

명사를 수식하는 この, その, あの, どの

「この, その, あの」는 말하는 사람과 대상과의 위치 관계를 나타내는 지시어이다. 「この～(이 ～)」,「その～(그 ～)」,「あの～(저 ～)」라는 뜻으로 뒤에 따라오는 명사를 수식한다. 의문형으로 '어느 ～'라고 물을 때는 「どの～」를 사용한다.

· A : どの橋が一番長いですか。 어느 다리가 가장 깁니까?
     いちばん
  B : この橋が一番長いです。 이 다리가 가장 깁니다.

· この人は私の友だちです。 이 사람은 제 친구입니다.
          とも
· そのチケットはいくらですか。 그 티켓은 얼마입니까?
· 鈴木さんはあの人です。 스즈키 씨는 저 사람입니다.

い형용사와 な형용사

일본어의 형용사는 명사를 꾸며 주는 형태에 따라 い형용사와 な형용사로 나누어진다. い형용사와 な형용사는 같은 형용사이긴 하지만 문장 속에서 서로 다르게 활용한다.
い형용사는 「〜い」 형태로 명사를 꾸며 주는 형용사를 말하며 기본형도 「〜い」로 같은 형태이다.(이하 A로 표기)

• 長い橋 긴 다리   • いい景色 좋은 경치

な형용사는 「〜な」 형태로 명사를 꾸며 주는 형용사를 말하며 기본형은 「〜だ」이다.(이하 Na로 표기)

• きれいな人 아름다운 사람   • しずかな空港 조용한 공항

い형용사 〈현재형〉 Aです / Aくありません

い형용사의 현재형은 기본형 「〜い」에 「〜です」를 붙인다. 여기서 주의할 점은 부정문의 경우인데, 부정문을 만들 때는 기본형의 어미 「い」를 떼고 「〜くありません」을 붙인다.

• 長い 길다 → 長いです 깁니다 → 長くありません 길지 않습니다
• 早い 빠르다 → 早いです 빠릅니다 → 早くありません 빠르지 않습니다

い형용사 〈과거형〉 Aかったです / Aくありませんでした

い형용사의 과거형은 어미 「い」를 떼고 「〜かったです」를 붙인다. 과거 부정형은 「い」를 떼고 「〜くありませんでした」를 붙여준다.

• 長い 길다   → 長かったです 길었습니다 → 長くありませんでした 길지 않았습니다
• 早い 빠르다 → 早かったです 빨랐습니다 → 早くありませんでした 빠르지 않았습니다

応用会話

🔊 **인토네이션 체크** 🎧 1-12

とてもいい景色ですね。
　　　　　　けしき

とてもはやかったですね。

1　A：漢江は、橋が多いですね。
　　　ハンガン　はし　おお

　　B：はい。夜景もきれいですよ。
　　　　　　や けい

2　A：あのビルは何ですか。
　　　　　　　なん

　　B：Lタワーです。ソウルで一番高いタワーです。
　　　　　　　　　　　　　　いちばんたか

3　A：韓国は交通費が安いですね。
　　　かんこく　こうつう ひ　やす

　　B：でも、永宗大橋の通行料は安くありません。
　　　　　ヨンジョンおおはし　つうこうりょう

4　A：漢江の夜景はよかったですか。

　　B：はい、よかったです。

🖥 **새 단어**

多おおい 많다	一番いちばん 가장, 제일	でも 그렇지만
あの〜 저 ~	高たかい 높다, (키가) 크다, 비싸다	通行料つうこうりょう 통행료
ビル 빌딩	交通費こうつうひ 교통비	
タワー 타워	安やすい 싸다	

練習問題

1 보기 와 같이 주어진 단어를 사용하여 문장을 만들어 보세요.

보기

     A: あそこは何ですか。(仁川空港)
     B: あそこは仁川空港です。

① **A:** あそこは何ですか。(シルバーシート)

    B: _____

② **A:** あそこは何ですか。(ロッカールーム)

    B: _____

③ **A:** あそこは何ですか。(Lタワー)

    B: _____

2 다음 (　　　) 안의 단어를 활용하여 부정형으로 만들어 보세요.

① **A:** 韓国の料理はおいしいですね。
      りょう り

    B: でも、_____ (安い)

② **A:** このカメラはいいですね。

    B: でも、_____ (軽い)
                                  かる

③ **A:** 日本のバスは便利ですね。
        べん り

    B: でも、_____ (速い)
                                   はや

3 다음 (　　　) 안의 단어를 넣어 질문에 답해 보세요.

A: あのビルは何ですか。(Lタワー、高い、タワー)

B: Lタワーです。高いタワーです。

① A: このキムチは何ですか。(チョンガクキムチ、おいしい、キムチ)

B: _____

② A: あの川は何ですか。(漢江、ながい、川)

B: _____

Seoulはソウル?

Seoul은 소우루?

일본어로 한국의 지명을 표기할 때, 일본어 모음에는 '어' 발음이 없기 때문에 '오'나 반모음인 요음 「ヨ」로 표기하게 된다. 그래서 서울은 소우루(ソウル)로 표기한다. 또 발음 '애'도 '에'로밖에 표기할 수 없어서, 대구나 대전도 「テグ」, 「テジョン」으로 표기된다. 또한 받침이 있는 경우 풀어서 표기해야 하기 때문에 더 복잡해진다. 그래서 일본어로 된 가이드북에는 한국의 지명을 한자로 표기

해 놓은 것이 많다. 대표적으로 몇 개 예를 들어보면, 6개 광역시는 釜山(プサン), 仁川(インチョン), 大邱(テグ), 光州(クァンジュ), 大田(テジョン), 蔚山(ウルサン)이라고 표기한다. 그 외에도 慶州(キョンジュ), 済州道(チェジュド), 扶余(プヨ), 全州(チョンジュ) 등이 있다.

우리나라 대표적인 지명의 로마자 표기법

서울 Seoul	인천 Incheon	대전 Daejeon	대구 Daegu
경주 Gyeongju	광주 Gwangju	울산 Ulsan	부산 Busan
경기도 Gyeonggi-do	강원도 Gangwon-do	충청도 Chungcheong-do	
전라도 Jeolla-do	경상도 Gyengsang-do	제주도 Jeju-do	

〈국립국어연구원 자료 인용〉

日本の地名には漢字がたくさん!

일본의 지명에는 한자가 가득!

일본에서는 인명과 마찬가지로 지명을 읽는 방법이 제각각이다. 도로 표지판이나 역 구내의 안내 표지판은 로마자나 히라가나와 한자로 표기해 주지만 열차 시각표나 지도 등에는 거의 한자로 표기한다. 그러므로 발음과 한자를 같이 익혀야겠다. 대표적으로 몇몇 지명을 소개하면 札幌(さっぽろ), 秋田(あきた), 仙台(せんだい), 日光(にっこう), 横浜(よこはま), 大阪(おおさか), 神戸(こうべ), 京都(きょうと), 奈良(なら), 広島(ひろしま), 長崎(ながさき), 別府(べっぷ), 福岡(ふくおか) 등이 있다.

일본의 지명

1) 고유명사도 한자로 표기한다.(특별한 지장이 없으면 かな로 써도 된다)

2) 자연의 지형, 행정구역에 붙여진 이름

3) 구별하기 어려운 것(ジ, ヂ, ズ, ヅ)은 「ジ, ズ」로 통일한다.

4) 외국 지명 중 중국과 한국 것은 현지에서 이용되는 표기법에 따른다.

5) 외래어도 일반 외국 지명과 같이 가타카나로 표기한다.

チェックイン

🎧 1-13

フロント　いらっしゃいませ。お名前は。
　　　　　　　　　　　　　　　　　なまえ

孝夫　　　鈴木孝夫です。
　　　　　すずきたかお

フロント　鈴木孝夫様。2名様でツインに3泊ですね。
　　　　　　　　さま　　にめい　　　　　　　さんぱく

孝夫　　　はい。

フロント　では、こちらにお名前とご連絡先をお願いします。
　　　　　　　　　　　　　　　　れんらくさき　ねが

孝夫　　　あの、静かな部屋をお願いします。
　　　　　　　しず　　へや

フロント　はい、かしこまりました。こちらがお部屋のキーです。

　　　　　お部屋は605号室です。とても静かです。
　　　　　　　　　　ごうしつ

チェックイン	체크인
フロント	프런트, 안내 데스크
いらっしゃいませ	어서 오세요
名前なまえ	이름
～様さま	～님
～名様めいさま	～분
～で	～이고
ツイン	트윈 룸
～に	[열거] ～에
3泊さんぱく	3박
では	[접속사] 그러면, 그럼
～と	～와(과)
連絡先れんらくさき	연락처
あの	[말을 꺼낼 때] 저…
静しずかだ	조용하다
部屋へや	방
かしこまりました	[공손한 말] (잘) 알겠습니다
キー	열쇠
～号室ごうしつ	～호실

관용 표현

✦ いらっしゃいませ。 어서 오세요.

✦ お名前は。 성함은 (어떻게 되십니까?)

✦ こちらにお名前とご連絡先をお願いします。 여기에 성함과 연락처를 부탁드립니다.

✦ はい、かしこまりました。 네, 잘 알겠습니다.

문법 정리

문법❶ 　～様

「～様」는 다른 사람의 이름 뒤에 붙여 경의를 표현하는 말이다. 우리말의 「～님」에 해당하며, 「～さん」보다 좀 더 정중한 느낌을 준다. 「～様」는 이름 외에도 인원수를 나타내는 단어에 붙여 사용하기도 한다. 인원수 뒤에 붙은 경우에는 우리말로 해석되지는 않지만 정중한 의미를 나타낸다.

- 鈴木孝夫様　스즈키 다카오 님

- 2名様　두 분

문법❷ 　명사문 〈연결〉 Nで

두 개의 명사문을 연결할 때는 앞에 오는 명사문이 「～で」의 형태로 바뀌어 뒤 문장과 연결된다.

- 2名様です。 + 　ツインに3泊です。 → 　2名様でツインに3泊ですね。
  두 분입니다。 + 　트윈 룸에 3박입니다。　　두 분이시고 트윈 룸에 3박이군요。

- ここはチケット売り場で、あそこはバス乗り場です。
  여기는 표 파는 곳이고, 저기는 버스 타는 곳입니다.

～に

일본어의 조사 「に」는 대개 우리말의 '~에'에 해당한다. 일본어의 「に」도 우리말의 '~에'처럼 여러 가지 의미를 갖고 있는데, 다음과 같이 열거의 뜻을 나타내기도 한다.

- パンにハムとたまご 빵에 햄과 달걀
- 鬼に金棒 도깨비에 쇠몽둥이 (우리말의 '범에 날개'에 해당하는 속담)
  おに　かなぼう
- 2名様でツインに3泊ですね。 두 분이시고 트윈 룸에 3박이군요.

～と

「～と」는 나열을 나타내는 조사로서, 우리말의 '~와(과)'에 해당한다.

- 春と夏 봄과 여름
- 韓国と日本 한국과 일본
- こちらにお名前とご連絡先をお願いします。 여기에 성함과 연락처를 부탁드립니다.

お・ご

명사 앞에 「お・ご」를 붙이면 높임말이나 정중한 의미가 된다. 일반적으로 한자어에는 「ご」, 일본 고유어에는 「お」를 붙이는데 예외적으로 「お電話」와 같이 한자어에 「お」를 붙이는 경우도 있다.

- お名前 성함
- お部屋 방
- ご連絡先 연락처

～を

「～を」는 '~을(를)'에 해당되는 조사로서, 대상을 나타낸다.

- あの、静かな部屋をお願いします。 저, 조용한 방을 부탁합니다.
- こちらにお名前とご連絡先をお願いします。 여기에 성함과 연락처를 부탁드립니다.

な形容詞 〈명사 수식〉 Naな

な형용사는 「～な」 형태로 명사를 꾸며주는 형용사를 말한다. 기본형은 「～だ」이다.

- きれいだ 예쁘다, 깨끗하다 → きれいな人 예쁜 사람
- しずかだ 조용하다 → しずかな空港 조용한 공항

な形容詞 〈현재형〉 Naです/ Naではありません

な형용사의 현재형은 기본형의 「～だ」를 떼고 「～です」를 붙이고, 부정문의 경우에는 「～じゃ
ありません」 또는 「～ではありません」을 붙인다.

- きれいだ → きれいです → きれいでは(じゃ)ありません
  예쁘다, 깨끗하다 예쁩니다, 깨끗합니다 예쁘지 않습니다, 깨끗하지 않습니다

- しずかだ → しずかです → しずかでは(じゃ)ありません
  조용하다 조용합니다 조용하지 않습니다

応用会話

🔊 **인토네이션 체크** 🎧 1-14

いらっしゃいませ。

お名前は。
<small>な まえ</small>

1 A : お部屋はダブルですね。
<small>へ や</small>

 B : あの、オンドルの部屋をお願いします。
<small>ねが</small>

2 A : 景色がきれいな部屋をお願いします。
<small>けしき</small>

 B : はい、かしこまりました。

3 A : このホテルは有名ですか。
<small>ゆうめい</small>

 B : いいえ、あまり有名じゃありません。

4 A : パンにハムとたまごをお願いします。

 B : パンにハムとたまごですね。かしこまりました。

🛏️ **새 단어**

ダブル 더블	あまり 별로, 그다지	たまご 달걀
オンドル 온돌	パン 빵	
有名ゆうめいだ 유명하다	ハム 햄	

練習問題

1 ☐ 안에 알맞은 한자를 써 보세요.

① なまえ … ☐☐

② にめいさま … ☐☐☐

③ れんらくさき … ☐☐☐

2 주어진 단어를 밑줄 친 곳에 넣어 대화해 보세요.

보기

A: いらっしゃいませ。 お名前は？

B: ＿＿＿＿＿＿＿＿＿＿ です。

① 高橋万里子
   たかはし ま り こ

② 松下はじめ
   まつした

③ イミンス

3 부사「あまり」를 사용하여 대화를 완성해 보세요.

① A: この町はしずかですか。

   B: いいえ、＿＿＿＿＿＿＿＿＿＿＿＿＿＿＿

② A: 会社までの交通は便利ですか。

   B: いいえ、＿＿＿＿＿＿＿＿＿＿＿＿＿＿＿

③ A: 歌は上手ですか。
      うた

   B: いいえ、＿＿＿＿＿＿＿＿＿＿＿＿＿＿＿

④ A: スポーツは好きですか。

   B: いいえ、＿＿＿＿＿＿＿＿＿＿＿＿＿＿＿

4　(　　　) 안의 단어를 넣어 문장을 만들어 보세요.

보기

　　　　　A: 景色がきれいな部屋をお願いします。(**景色、きれいだ、部屋**)

　　　　　B: はい、かしこまりました。

① A: ＿＿＿＿＿＿＿＿＿＿＿＿＿をお願いします。(**交通、便利だ、ホテル**)

　 B: はい、かしこまりました。

② A: ＿＿＿＿＿＿＿＿＿＿＿＿＿をお願いします。(**日本語、上手だ、ガイドさん**)

　 B: はい、かしこまりました。

ようしつですか、オンドルですか。

침대방입니까? 온돌방입니까?

한국의 호텔은 5성급 호텔(五つ星ホテル)에도 침대방(ベッドルーム) 이외에 한국의 전통 난방시설(暖房システム)인 온돌방(オンドル部屋)이 있다. 한국인에게는 친근한 온돌이지만 좀 추운 실내에 익숙한 일본인들에게는 오히려 후덥지근하게 느껴질 수도 있다. 그러나 한국의 온돌 문화를 체험할 수 있는 좋은 기회이니, 추천해 주면 좋아할 것이다.

저렴한 숙박 시설로는 장급여관을 추천한다. 특급 호텔만한 서비스와 부대시설을 갖추고 있지는 않지만, 소규모의 깨끗하고 저렴한 여관(旅館)은 시내 어디서나 쉽게 찾을 수 있다. 여관을 잘 이용하면 숙박 요금을 아낄 수 있으므로 여관 간판을 구별하는 법을 알려주자. 온천 기호(♨温泉記号)가 그려져 있는 곳이면서 HOTEL이라고 적혀있는 곳이 대부분 장(荘)급 여관이다. 온돌방에 침대와 욕실을 다 구비하고 있고 세면도구와 수건도 제공되니 그리 불편하지는 않다.

그 밖에 외국인이 많이 찾는 숙박 시설로는 유스호스텔과 게스트하우스가 있다. 게스트하우스(ゲストハウス)는 저렴한 대신 여러 명이 같이 방을 써야 한다거나, 세면도구나 수건 등도 제공되지 않고 공동 샤워실을 써야 하는 등의 불편한 점이 있을 수 있다. 그러나 여러 나라의 사람들이 모여 있으므로 다양한 정보도 들을 수 있고, 친분도 쌓을 수 있어서 보다 뜻깊은 여행이 될 것이다.

이 외에도 한국의 정서를 맛보고 싶어 하는 외국인에게는 전통 한옥을 여관으로 꾸며 영업하는 곳을 추천할만하다. 최근에는 한옥으로 된 게스트하우스도 늘어나서 도심에서도 편리하게 한국적인 숙박 체험을 할 수 있다. 다만 위치나 시설의 질에 따라 가격 차이가 나므로 사전에 잘 알아보는 것이 좋다.

ホテルにしますか、旅館にしますか。

호텔로 하시겠습니까? 여관으로 하시겠습니까?

일본의 특이한 숙박 시설로는 비즈니스호텔(ビジネスホテル), 캡슐호텔(カプセルホテル), 러브호텔(ラブホテル) 등을 들 수 있다. 비즈니스호텔은 객실 대부분이 싱글 베드룸으로 되어 있고 트윈 베드룸은 있어도 더블 베드룸은 없는, 업무 출장을 나온 사람들을 위한 호텔이다. 이러한 호텔에는 객실에 양복바지 주름을 잡아주는 다리미와 같은 기능을 가진 판(ズボンプレッサー)이 세로로 세워져 있는데, 바지를 두 판 사이에 끼워 두면 주름이 펴지므로 유용하게 사용할 수 있다. 캡슐호텔은 간이 침대 한 칸 정도의 면적에 사람이 앉아 있을 수 있는 정도 높이의 상자를 쌓아 늘어놓은 듯한 곳으로, 욕실이나 화장실 등의 편의시설은 공동으로 사용하는 대신 가격이 저렴하다. 러브호텔도 이미 한국에 성행하고 있지만 패셔너블한 일본의 러브호텔은 중세풍, 유람선풍, 노래방풍 등 각종 인테리어의 객실이 있으며 식사와 와인, 케이크도 주문할 수 있는 다양한 서비스로 손님을 끌고 있다.

이름은 같지만 한국과 전혀 다른 숙박 시설로 료칸(旅館)이 있는데, 호텔과는 달리 일본 냄새가 물씬 풍기는 전통 깊은 숙박업소이다. 일본에는 몇 대째 대를 이어 내려온 료칸이 많다. 일본식 전통 가옥에 다다미로 된 방(和室)에 들어서면 중년 여성이 기모노 차림으로 와서 먼저 녹차를 대접해 주고 여관의 시설과 식사 일정 등을 설명해 준다. 저녁 식사는 그 지방의 특산물로 요리한 만찬이 개인 독상으로 대연회장에 차려진다. 그리고 여독을 풀 수 있는 온천 등이 마련되어 있다. 온천 료칸에는 대개 객실에 욕실이 없고 공동 탕에서 온천을 즐기는데, 그동안 직원들이 이부자리를 준비해 준다. 여관을 떠나는 날 아침에는 여주인과 직원들이 일렬로 서서 차가 사라질 때까지 손을 흔들고 허리 굽혀 환송해 주므로 손님은 왕이라는 기분을 만끽할 수 있다.

Lesson 05 レストランはありませんか。

1-15

京子　ホテルにレストランはありませんか。

パク　はい。１４階にありますよ。和食レストランもあります。
　　　　　じゅうよんかい　　　　　　　わしょく

孝夫　そうですか。ここは、サウナもありますか。

パク　サウナはありません。そうですね、近くにチムジルバンがあります。
　　　　　　　　　　　　　　　　　　　　　　ちか

孝夫　チムジルバンって何ですか。

パク　韓国式サウナですよ。
　　　かんこくしき

孝夫　そうですか。

京子　免税店は何階にありますか。
　　　めんぜいてん　なんがい

キム　免税店は隣のビルにあります。
　　　　　　　となり

レストラン	레스토랑
ありません	없습니다
～階かい	~층
あります	있습니다
和食わしょく	일식, 일본 음식
そうですか	그렇습니까?
サウナ	사우나
そうですね	글쎄요, 그렇네요
近ちかく	근처
チムジルバン	찜질방
～って	~라(고 하)는 것은
何なん	무엇
韓国式かんこくしき	한국식
免税店めんぜいてん	면세점
隣となり	옆

관용 표현

✦ そうですか。 그렇습니까?

✦ そうですね。 글쎄요.(그렇네요)

✦ チムジルバンって何ですか。 찜질방이라는 것이 무엇입니까?

～に

「～に」는 여러 가지 의미를 가지고 있는데, 장소를 나타내는 명사 뒤에 쓰일 때는 대개 '(장소)에'에 해당한다.

- A：ホテルにレストランはありませんか。 호텔에 레스토랑은 없습니까?

  B：はい、14階にありますよ。 네, 14층에 있어요.

- A：カメラはどこにありますか。 카메라는 어디에 있습니까?

  B：カバンの中にあります。 가방 안에 있습니다.

문법❷

～あります / ありません

사람이나 동물 이외의 무생물이나 추상물의 존재 유무를 나타내는 동사로「あります」는 '있습니다',「ありません」은 '없습니다'라는 뜻이다.

· A：パスポートはありますか。 여권은 있습니까?

　B：はい、あります。 예, 있습니다.

· A：チケットはありますか。 표는 있습니까?

　B：いいえ、ありません。 아니요, 없습니다.

⚠ 주의 반대로 사람이나 동물의 존재 유무를 나타낼 때는「います(있습니다)」,「いません (없습니다)」을 사용해야 한다.

· 金さんは空港にいます。 김○○ 씨는 공항에 있습니다.

· あそこに子犬がいます。 저기에 강아지가 있습니다.
　　 こ いぬ

～って

「～って」는「～というのは(~라고 하는 것은)」의 줄임말로서, 주제가 되는 대상을 가리킬 때 사용한다.

- A：チムジルバンって何ですか。 찜질방이라는 게 무엇입니까?

  B：韓国式サウナですよ。 한국식 사우나입니다.

- 田中さんって、本当にまじめな人ですね。 다나카 씨는 정말 성실한 사람이군요.

- うわさって、こわいものですね。 소문이란 무서운 것이네요.

応用会話

🔊 **인토네이션 체크** 🎧 1-16

そうですか。／ [의문]

そうですか。＼ [납득]

1 A : 地下にバーがありますよ。
ちか

     B : いいですね。 一緒にどうですか。
いっしょ

2 A : オンドルって何ですか。
なん

     B : 韓国式の床暖房です。
かんこくしき　ゆかだんぼう

3 A : ホテルにコーヒーショップはありませんか。

     B : そうですね。2階にありますよ。
かい

4 A : 屋上には何がありますか。
おくじょう

     B : ビアガーデンがあります。

🛏 **새 단어**

地下 ちか 지하   どうですか 어떻습니까?   屋上 おくじょう 옥상

バー 바   床暖房 ゆかだんぼう 바닥 난방 시스템   ビアガーデン 비어 가든

一緒 いっしょに 함께   コーヒーショップ 커피숍

練習問題

1   ☐ 안에 알맞은 よみかた를 써 넣으세요.

① 和食 … ☐☐☐☐

② 何階 … ☐☐☐☐

③ 免税店 … ☐☐☐☐☐☐

2   아래 회화에 단어들을 넣어서 말해보세요.

보기

A: ホテルに ＿＿＿＿＿＿ はありませんか。

B: はい、３階にあります。
　　　　　がい

① サウナ　　　② 中華料理屋　　③ ラーメン屋　　④ コンビニ
　　　　　　　　 ちゅう か りょう り　や

3   ( ) 안의 단어를 넣어 질문해 보세요.

보기

A: チムジルバンって何ですか。(**チムジルバン**)

B: 韓国式のサウナですよ。

① **A:** ＿＿＿＿＿＿＿＿＿＿＿＿＿＿＿＿＿＿＿＿＿ (オンドル)

　 B: 韓国式の床暖房ですよ。

② **A:** ＿＿＿＿＿＿＿＿＿＿＿＿＿＿＿＿＿＿＿＿＿ (ハンボク)

　 B: 韓国の伝統的な服ですよ。
　　　　　 でんとうてき　　ふく

③ **A:** ＿＿＿＿＿＿＿＿＿＿＿＿＿＿＿＿＿＿＿＿＿ (オイキムチ)

　 B: キュウリのキムチですよ。

4 와 같이 질문과 대답을 완성해 보세요.

보기

> A: 免税店は　どこに　ありますか。
>
> B: 免税店は隣のビルにあります。

① A: コンビニは ＿＿＿＿＿＿＿ ありますか。

　 B: コンビニは隣のビルにあります。

② A: 郵便局はどこにありますか。
　　 ゆうびんきょく

　 B: ＿＿＿＿＿＿＿ は隣のビルにあります。

③ A: 観光案内所はどこにありますか。
　　 かんこうあんないじょ

　 B: 観光案内所は ＿＿＿＿＿＿＿ のビルにあります。

④ A: 花屋はどこにありますか。
　　 はな や

　 B: 花屋は隣のビルに ＿＿＿＿＿＿＿ 。

韓国

安くていいものはどこで?

싸고 좋은 물건은 어디에서 (살 수 있나)?

한국에 오는 일본 관광객 중에는 쇼핑을 즐기기 위해서 오는 사람들도 적지 않다. 일본 친구들을 한국의 할인점에 데려가면 관광지 못지않게 즐겁고 만족스러운 시간을 보내고 오게 된다. 특히 인기 있는 품목은 그 자리에서 구워주는 한국 양념 김(韓国海苔), 각종 김치, 한국제 젓갈(塩辛), 명란젓, 인스턴트 라면, 컵라면, 인스턴트 냉면, 당면, 종이팩으로 된 소주, 인삼차 등인데, 인삼차를 마시지 않는 사람도 다른 전통차나 인삼 비누를 사다 주면 좋아한다고 한다. 누룽지(お焦げ) 과자나 호박엿 사탕도 인기 품목이며, 간혹 족발(豚足)을 좋아하는 사람들도 있어 진공 포장된 족발을 출발하기 전날 많이 사가기도 한다.

특히 과자와 껌은 일본인에게 인기 품목이어서, 이런 식품을 사려고 마트나 편의점에 가는 사람도 많다. 일본과 달리 한국의 마트는 카트를 사용할 때 동전을 넣어야 하는 곳도 있으니, 나중에 다시 동전이 나온다는 점을 알려주도록 하자. 그리고 고객 위주의 반품 환불 제도, 최저 가격 보증 등을 알려주는 것도 좋다.

또한 올리브영(オリブヤング) 등의 드럭스토어와 화장품 로드숍을 추천해 보는 것도 좋다. 이러한 곳들은 강남이나 홍대, 명동, 동대문 등 번화가라면 반드시 하나씩은 지점이 있으므로 한국의 화장품에 관심이 있는 여성에게는 유용한 정보가 될 수 있다.

이 외에도 관광객이 손쉽게 이용할 수 있는 쇼핑센터로는 명동 거리, 롯데마트 월드타워점(ロッテマート ワールドタワー店) 등이 있다. 특히 명동 거리는 한국인보다 외국인 관광객이 더 많은 곳으로도 잘 알려져 있을 정도로 관광객이 쇼핑하기에 편리한 곳이다. 그리고 김포공항 옆에는 롯데몰 김포공항점(ロッテモール 金浦空港店)이 있으므로 김포-하네다 구간을 이용하는 경우에 편리하다.

安くていいものはここで!
싸고 좋은 물건은 이곳에서 (사자)!

우리나라의 테크노 마트처럼 일본에도 디지털카메라나 가전제품 등을 싸게 파는 대형 할인점이 많이 있다. 아키하바라가 아니더라도 신주쿠, 이케부쿠로, 시부야 등의 '~카메라(ヨドバシカメラ, ビックカメラ)', '~전기(ヤマダ電気, 上新電気)' 같은 이름의 가게는 일반적인 가전 할인점으로 면세점보다도 가격이 더 저렴하다. 이러한 할인점에서 가전제품을 구입할 때는 되도록 그 가게에서 경력이나 지위가 높아 보이는 점원과 흥정을 하는 것이 좋다. 점원의 지위에 따라서 깎아 줄 수 있는 할인율이 달라지고, 또 덤으로 주는 물건의 규모도 다르기 때문이다. 좀 큰 가게에서는 여권을 제시하면 세금분만큼 깎아주므로 여권을 가지고 가면 좋다. 카메라나 노트북의 경우 중고시장도 발달해 있다. 중고품만 취급하는 전문가가 자세히 테스트해 보고 매입한 제품이어서 깨끗하고 하자가 없는 제품을 싸게 살 수 있다. 중고품이라도 대부분 구입한 가게에서 1년 정도는 보증해 주므로 한번 도전해 볼 만하다.

일본 여행 기념으로 친구들에게 줄 선물을 사려 한다면 슈퍼마켓 형식으로 된 대형 잡화점에 가 보자. 번화가에 많이 있는 돈키호테(ドンキホーテ)는 심야에 활동하는 사람을 타깃으로 출발한 가게이기 때문에 24시간 영업을 하는 곳도 있다. 낮에 관광을 하고 선물을 살 시간이 없었을 때 둘러보기 좋다. 또, 마츠모토키요시(マツモトキヨシ) 등의 드럭스토어(대형약국 체인점)에서 건강 보조 식품이나 화장품을 한국보다 싸게 살 수 있다. KeiyoD2(ケーヨーディツー)나 Tokyu Hands(東急ハンズ) 등의 홈 센터에 가 보면 편리한 공구나 아이디어가 돋보이는 실용적인 물건을 구할 수 있다. 한국에도 들어와 있는 다이소 등의 100엔 숍(百均)은 취급 품목이 7만여 점에 이를 정도로 엄청난 품목을 자랑한다. 요즘은 100엔 가격의 충격도 효과가 미비해 더욱 다양한 품목으로 손님을 끌기 위해 200엔 브래지어, 300엔 와이셔츠도 등장했지만, 1,000엔의 가치가 있는 물건을 100엔으로 살 수 있는 장점은 여전하다. 단, 100엔 숍에는 중국산이 많다는 점에 유의해야겠다.

🎧 1-17

京子　(전화를 받으며) はい。

キム　もしもし、キムですが。

京子　ああ、キムさん。

キム　鈴木さん、お部屋はどうですか。
　　　すずき　　　　　　へや

京子　とても静かできれいな部屋ですよ。
　　　　　　しず

キム　ああ、それはよかったですね。ところで、何時ごろ会いましょうか。
　　　　　　　　　　　　　　　　　　　　　　　　なんじ　　あ

京子　そうですね。今、よろしいですか。
　　　　　　　　　いま

キム　はい、大丈夫です。それでは、すぐ行きます。
　　　　　だいじょうぶ　　　　　　　　　い

もしもし	여보세요?
~が	~(이)지만, ~(인)데
ところで	[접속사] 그런데(화제 전환)
何時なんじ	몇 시
~ごろ	~쯤
会あう	만나다
~ましょうか	~할까요?
今いま	지금
よろしい	좋다, 괜찮다
大丈夫だいじょうぶだ	괜찮다
それでは=では	[접속사] 그러면, 그럼
すぐ	곧(장), 바로
行いく	가다
~ます	~합니다, ~하겠습니다

관용 표현

✦ もしもし、キムですが。 여보세요, 김○○입니다만.

✦ それはよかったですね。 그것 참 잘 됐군요.

✦ よろしいですか。 괜찮으십니까?

✦ はい、大丈夫です。 네, 괜찮습니다.

문법 정리

문법① ～が

일반적으로 문말에서 쓰이는 「～が」는 역접의 의미를 나타내지만, 뒤의 문장이 생략되는 문말에서 「～が」가 쓰이는 경우는 역접이라기보다는 '~인데요'라고 조심스럽게 무엇인가를 제시하는 의미로 해석된다.

• もしもし、キムですが。 여보세요? 김○○인데요.

• バス乗り場はこちらですが。 버스 타는 곳은 이쪽인데요.

문법② 일본어 동사의 종류

일본어 동사는 그 형태에 따라 다음의 세 그룹으로 나누어진다.

(1) 1그룹 동사(간단히 말해서 아래의 2그룹 동사와 3그룹 동사를 뺀 나머지 동사)

　① 「る」 이외의 모음 [u]로 끝나는 모든 동사

買う 사다　　書く 쓰다　　嗅ぐ 냄새를 맡다　　話す 말하다
か　　　　　か　　　　　か　　　　　　　　　　はな

立つ 서다　　死ぬ 죽다　　読む 읽다　　　　　呼ぶ 부르다
た　　　　　し　　　　　よ　　　　　　　　　　よ

　② 어미가 「る」이며 그 앞의 모음이 [a]나 [o]나 [u]인 동사

やる 하다　　　　降る 내리다　　　　取る 집다
　　　　　　　　ふ　　　　　　　　と

(2) 2그룹 동사(간단히 말해서 '[i]+る' 또는 '[e]+る'인 동사)

　어미가 「る」이고 그 앞의 모음이 [i]나 [e]인 동사

見る 보다　　　　食べる 먹다
み　　　　　　　た

(3) 3그룹 동사 (불규칙 동사에 해당)

する 하다　　　　　　来る 오다
　　　　　　　　　　 く

이와 같은 동사 그룹은 교재에 따라 다른 이름으로 불리기도 하지만 명칭만 다를 뿐 동사의 분류 기준은 같으므로 참고로 알아두자.

동사 종류	몇 단에 걸쳐 활용하는가에 따라	형태 자체를 강조해서
1그룹 동사	5단 활용 동사	[u] 동사 / 자음동사
2그룹 동사	상 1단 활용 동사 ⎤ 1단 활용 동사 하 1단 활용 동사 ⎦	[ru] 동사 / 모음동사
3그룹 동사	불규칙 활용 동사	する 동사 ⎤ 불규칙 동사 来る 동사 ⎦

(!)참고 ます형 예외동사

위와 같이 형태에 따라 동사를 분류하는 경우, 한 가지 주의해야 할 점이 있다. 바로 '예외동사'의 존재이다. 예외동사란 원래의 형태와는 다르게 활용하는 동사로서, 위의 원칙에 어긋나는 동사 종류를 뜻한다.

여기서 재미있는 것은 예외동사의 패턴이 정해져 있다는 사실이다. 일반적으로 ます형 활용에 있어서의 예외동사는 형태적으로는 2그룹 동사이지만, 실제로는 1그룹 동사의 활용을 한다는 한 가지 패턴만을 갖고 있다. 그 반대의 형태, 즉 형태적으로는 1그룹 동사이지만 실제로는 2그룹 동사의 활용을 하는 예외동사는 없다.

일본어의 예외동사는 숫적으로 볼 때 많지 않지만 일상생활에서 자주 쓰이는 기본 동사들이 많이 포함되어 있으므로, 교재에 나올 때마다 꼭 체크해서 외워두고 예외동사의 리스트를 만들어가는 것도 좋은 방법 중 하나이다.

예외동사의 패턴	형태적으로 2그룹 동사이지만 1그룹 동사의 활용을 한다.
예외동사의 예	入る 들어가다　帰る 돌아가다　走る 달리다　知る 알다　…… はい　　　　かえ　　　　　はし　　　　　し

동사의 〈ます형〉 ~ます/~ません/~ましょう/~ましょうか

동사 종류에 따라 다음과 같이 「~ます」를 접속시킨다.

1그룹 동사	마지막 ウ단을 イ단으로 바꾸고 「~ます」를 붙인다.	買う 사다 → 買います 삽니다 書く 쓰다 → 書きます 씁니다 嗅ぐ 냄새를 맡다 → 嗅ぎます 맡습니다 話す 말하다 → 話します 말합니다 立つ 서다 → 立ちます 섭니다 死ぬ 죽다 → 死にます 죽습니다 読む 읽다 → 読みます 읽습니다 呼ぶ 부르다 → 呼びます 부릅니다 降る 내리다 → 降ります 내립니다	
2그룹 동사	마지막 「る」를 떼고 「~ます」를 붙인다.	見る 보다 → 見ます 봅니다 食べる 먹다 → 食べます 먹습니다	
3그룹 동사		する 하다 → します 합니다 来る 오다 → 来ます 옵니다	

「~ます」·「~ません」

동사에 「~ます」를 붙이면 '~합니다, ~하겠습니다'라는 정중한 의미를 나타낸다. 상대방에게 정중하게 물어볼 때는 「~ますか(~합니까)」를 쓰고, 부정일 때는 「~ません(~하지 않습니다)」를 사용한다.

- それでは、私も行きます。 그럼 저도 가겠습니다.

- それでは、私は行きません。 그럼 저는 가지 않겠습니다.

「~ましょう」·「~ましょうか」

「~ましょう」는 상대방에게 어떤 것을 같이 하자고 청할 때 사용되며, 우리말의 '~합시다'에 해당하는 표현이다. 이 「~ましょう」의 의문형인 「~ましょうか」는 「~ましょう(합시다)」보다 좀 더 부드럽게 무엇인가를 청하는 표현이 된다. 따라서 상대방에게 무엇인가를 하자고 청하는 경우에 「~ましょう」보다는 「~ましょうか」쪽이 더 정중한 느낌을 준다.

- それでは、4時に会いましょう。 그러면 4시에 만납시다.

- それでは、4時に会いましょうか。 그러면 4시에 만날까요?

~ごろ

「~ごろ」는 '~쯤, ~경'이라는 뜻으로 시간을 나타내는 명사 뒤에 쓰여서 대략적인 시간이나 시기를 나타낸다. 한자는 「頃」을 쓴다.

- ところで、何時ごろ会いましょうか。　그런데 몇 시쯤 만날까요?
- 1時ごろ行きます。　1시쯤 가겠습니다.

 な형용사문 〈연결〉 Naで

な형용사문 뒤에 다른 문장이 이어지는 경우에는 기본형의 「~だ」를 떼고 「~で」형태로 연결한다. 4과에서 학습한 명사문 연결과 동일하다.

- きれいだ　　+　　しずかだ　→　きれいでしずかだ
  예쁘다, 깨끗하다　　　조용하다　　　깨끗하고 조용하다

- 親切だ　　　+　　やさしい　→　親切でやさしい
  친절하다　　　　자상하다　　　친절하고 자상하다.

応用会話

인토네이션 체크 🎧 1-18

もしもし、キムですが。

それは、よかったですね。

1　A：もしもし、パクと申しますが、鈴木さんお願いします。
　　　B：はい、私ですが。

2　A：韓国の人はどうですか。
　　　B：親切でやさしいです。

3　A：どこで会いましょうか。
　　　B：1階のコーヒーショップで会いましょう。

4　A：何時ごろ行きますか。
　　　B：7時ごろ行きましょう。

 **새 단어**

人ひと 사람　　　　　親切しんせつだ 친절하다　　　　やさしい 상냥하다, 자상하다

76

練習問題

1 보기 와 같이 빈 칸에 알맞은 말을 넣어 보세요.

	기본형	정중형
보기	いく	いきます
①	うたう	
②	まつ	
③	のる	

	기본형	정중형
④	のむ	
⑤	みる	
⑥		します
⑦		きます

2 ( ) 안에 들어갈 말을 보기에서 찾아 말해 보세요.

보기

いつ　　　　どこ　　　　なに

① A: ( )会いましょうか。

　 B: 4時ごろ会いましょう。

② A: ( )を食べましょうか。

　 B: サムゲタンを食べましょう。

③ A: ( )に行きましょうか。

　 B: 仁寺洞に行きましょう。
　　　インサドン

3 ( ) 안의 단어를 사용하여 질문에 답해 보세요.

① 日本の人はどうですか。(親切だ、やさしい)

→ _____

② この部屋はどうですか。(しずかだ、いい)

→ _____

③ あのラーメン屋はどうですか。(有名だ、やすい)

→ _____

④ あのレストランはどうですか。(きれいだ、おいしい)

→ _____

4 제시된 단어를 사용하여 문장을 만들어 보세요.

> 보기
>
> 　　　金、申す、山田さん、お願いします
>
> A: 金と申しますが、山田さんをお願いします。
> B: はい、私ですが。

① 　　山田、申す、田中さん、お願いします

A: _____

B: はい、私ですが。

② 　佐藤、申す、渡辺さん、お願いします
　　さ とう　　　　　わたなべ

　A: _____

　B: はい、私ですが。

③ 　張、申す、鈴木さん、お願いします
　　チャン　　　　すず き

　A: _____

　B: はい、私ですが。

公衆電話の変身!

공중전화의 변신!

한국 최초의 공중전화는 1954년에 설치되었고, 옥외 무인 공중전화는 1962년에 처음 설치되었다.

한국의 공중전화는 동전식(コイン式)과 전화카드 전용(テレホンカード専用), 동전과 카드겸용(コイン/テレホンカード), 공항에서 볼 수 있는 동전과 신용카드 겸용식(コイン/クレジットカード)이 있으며, 드물게는 인터넷을 사용할 수 있는 공중전화도 있다. 일본의 공중전화는 국제전화를 걸 수 없는 것이 많은 데 비해 한국은 동전식이든 전화카드 전용이든 거의 모든 전화기가 국제전화가 된다는 점이 다르다. 또한 동전식 공중전화(コイン式の電話)에서 통화 후 수화기를 위에 올려놓아, 남아 있어도 나오지 않는 잔돈(お釣り)을 다음 사람이 쓸 수 있도록 하는 관습은 다른 나라에서는 볼 수 없는 풍경이었지만 최근에는 휴대폰의 보급률이 높아 아쉽게도 이런 광경을 보기는 힘들게 되었다.

한편 인천국제공항에서는 휴대폰(携帯電話) 대여 서비스(レンタルサービス)를 외국인도 손쉽게 이용할 수 있다. 여권(パスポート)과 신용카드(クレジットカード)만 있으면 몇 분 안에 휴대폰을 가지고 여행할 수 있다.

우리나라의 공중전화 사용 요금은 정부 정책에 의해 결정 되며, 한 통화당 70원이다. 동전식 공중전화 사용은 10원짜리, 50원짜리, 100원짜리 주화 모두 사용 가능하다. 하지만 휴대폰의 보급으로 공중전화 사용량이 급감하면서 적자가 계속되자 새로운 서비스로 활로를 개척하려는 움직임이 이어지고 있다. 그 중 기존의 공중전화 부스를 개조한 '안심 부스'에서는 공중전화 외에도 은행 ATM, 전기 심장 충격기, 휴대폰 충전, 전기차 충전, 긴급 피난처 등 장소에 따라 다양한 서비스를 이용할 수 있다.

日本の国際電話は難しい～!

일본의 국제전화는 어려워~!

우리나라와 달리 일본에서는 아무 공중전화에서나 국제전화를 걸 수 없다. 공항이나 대도시의 호텔 및 주요 역에서는 '국제국내 겸용 카드/주화 전화'를 사용하여 직접 국제전화를 걸 수 있지만, 호텔이나 전철역을 벗어난 곳에서는 도쿄 시내에서조차도 국제전화를 걸 수 있는 공중전화는 찾아보기 힘들어 꽤 불편하다. 국제전화를 걸 수 있는 공중전화로는 자기카드(磁気カード)를 쓰는 디지털 방식의 회색 전화와 아날로그 방식의 녹색 전화가 있는데, 동전으로도 물론 걸 수 있다. 국제 전화를 걸 때는 001-010-82(한국국가번호)-2(한국 내 서울 지역 번호 0을 뺀 것)-1234-5678(상대방 전화번호)과 같이 걸면 된다. 국제전화는 100엔 단위로 지불되므로, 100엔 이상의 주화를 넣거나 카드도수가 10이상 남아 있어야 한다. 한국에서 미리 일본에서 사용할 수 있는 월드폰 전화 카드와 같은 선불카드(プリペイドカード)를 사 가면 번호를 여러 번 누르는 번거로움은 있지만, 국제전화 표시가 없는 일반 공중전화로도 걸 수 있다. 단, 먼저 동전이나 전화카드를 넣어서 신호음이 들리면 정해진 번호를 누르고 통화해야 한다. 비상사태가 발생했을 때는 공중전화의 빨간 버튼을 누르면 무료로 전화를 할 수 있다.

일본에서 휴대 전화를 대여받아 쓰려면 공항에서부터 빌리는 것이 입국에서 출국까지 이어서 쓸 수 있으므로 편리하다. 나리타 공항이나 간사이 공항 등 국제공항에서는 대부분의 회사가 대여 서비스를 하므로 공항 홈페이지의 '서비스 · 시설'(サービス・施設) 중의 휴대 전화 대여(携帯電話レンタル) 항목으로 들어가면 각 휴대 전화 회사의 서비스 조건과 요금을 알 수 있다.

🎧 1-19

キム	鈴木さん、辛いのは大丈夫ですか。
孝夫	私は大好きですが、京子はちょっと…。
パク	じゃ、サムゲタンはどうですか。サムゲタンは若どりのスープです。若どりの中に高麗人参やもち米、にんにくなどが入ります。体にもいいですよ。
京子	わあ、おいしそうですね。それにします。
キム	あそこに有名なサムゲタンのお店があります。一緒に行きませんか。
孝夫	いいですね。行きましょう。

새 단어

辛からい	맵다
～の	[대명사] ~(한) 것
大好だいすきだ	아주 좋아하다
ちょっと	조금
じゃ＝それじゃ	[접속사] 그러면
若わかどり	영계
スープ	수프
高麗人参こうらいにんじん	(고려) 인삼
もち米ごめ	찹쌀
にんにく	마늘
～や～など	~(이)랑 ~ 등
入はいる	들어가(오)다
体からだ	몸
わあ	[감탄사] 와아
おいしい	맛있다
～そうだ	~할 것 같다
～にする	~(으)로 하다
店みせ	가게
～ませんか	~하지 않겠습니까?

관용 표현

✦ 辛いのは大丈夫ですか。 매운 것은 괜찮습니까?

✦ 京子はちょっと…。 쿄코는 좀….

✦ それにします。 그걸로 하겠습니다.

✦ 一緒に行きませんか。 함께 가지 않겠습니까?

✦ いいですね。 좋네요, 좋군요.

문법 정리

문법❶ ～の

「～の」가 형용사나 동사 뒤에 붙으면 '~(한) 것'이라는 뜻이 된다.

- 鈴木さん、辛いのは大丈夫ですか。 스즈키 씨, 매운 것은 괜찮습니까?
- もう少し安いのはありませんか。 좀 더 싼 것은 없습니까?
- 鈴木さんに会うのは久しぶりです。 스즈키 씨를 만나는 것은 오래간만입니다.

문법❷ NやNなど

어떠한 것을 열거하는 데 사용한다. 「XとY」라고 했을 때는 X와 Y 두 개 만을 뜻하지만, 「XやY」라고 했을 때는 그 외에도 뭔가 있다는 것을 암시한다. 따라서 기타 등등을 나타내는 「～など」와 함께 쓰이는 경우가 많다.

- 若どりの中に高麗人参やもち米、にんにくなどが入ります。
  영계 속에 인삼이나 찹쌀, 마늘 등이 들어갑니다.
- このホテルにはレストランやサウナなどがあります。
  이 호텔에는 레스토랑이나 사우나 등이 있습니다.

84

문법③ ~にいい

「~にいい」는 조사 「~に(에)」에 형용사 「いい(좋다)」가 결합된 문형으로, '~에 좋다'는 뜻이다. 문맥에 따라 「~に」 다음에 「~は」나 「~も」가 들어가서 「~にはいい(~에는 좋다)」, 「~にも いい(~에도 좋다)」와 같이 쓰이는 경우도 있다. 의미상 반대로 '~에 나쁘다'고 할 때는 「悪い(나 쁘다)」나 「よくない(좋지 않다)」를 써서 「~に悪い」 또는 「~によくない」라고 한다.

· サムゲタンは体にもいいです。　삼계탕은 몸에도 좋습니다.

· 運動は健康にいい。　운동은 건강에 좋다.
  うんどう　けんこう

 문법④ 〈양태〉 ~そうだ

「~そうだ」는 전문(伝聞)과 양태(様態)의 두 가지 의미를 갖고 있는데, 각각의 의미에 따라 앞에 접속하는 형태가 달라진다.

양태의 「~そうだ」는 '~인(한) 것 같다'는 뜻을 나타낸다. 즉 말하는 사람이 보거나 들은 것을 토대로 판단하는 것을 나타내는데 이때는 형용사의 어간이나 동사의 ます형에 접속한다. 단, い형용사 중에서 「いい(좋다)」, 「ない(없다)」는 「よさそうだ(좋을 것 같다)」, 「なさそうだ(없을 것 같다)」의 형태로 쓰인다. 양태의 경우 명사에는 잘 쓰이지 않는다.

양태의 「~そうだ」 자체가 な형용사 활용을 하기 때문에, 명사를 꾸며 줄 때는 「~そうな(~인 것 같은)」, 부사처럼 쓰일 때는 「~そうに(~인 것처럼)」가 된다.

· わあ、おいしそうですね。　와아, 맛있을 것 같네요.

· この映画はおもしろそうです。　이 영화는 재미있을 것 같네요.
  えいが

· 鈴木さんはまじめそうに見えます。스즈키 씨는 성실할 것처럼 보여요.(성실해 보여요)

〜にする

「〜にする」는 주로 명사에 접속해서 '〜로 하겠다'는 결정을 나타낸다.
동사와 함께 활용할 때에는 「동사 기본형 + ことにする(~기로 하다)」 형태로 쓰인다.

- ・A : 飲み物は何にしますか。 음료는 무엇으로 하겠습니까?
   の　　もの
  B : コーヒーにします。 커피로 하겠습니다.

- ・一人で行くことにしました。 혼자서 가기로 했습니다.
   ひとり

Vませんか

「〜ませんか」는 동사의 부정형인 「〜ません(~하지 않겠습니다)」에 의문이나 질문에 쓰이는
조사 「〜か」가 결합된 형태로서, '~하지 않겠습니까?'라는 뜻을 나타낸다.
상대방에게 어떤 것을 청할 때 쓰는 표현으로는 「〜ましょう(합시다)」, 「〜ませんか(하지 않
겠습니까)」, 「〜ましょうか(할까요)」를 들 수 있는데, 이 중에서 「〜ませんか」가 가장 정중한
느낌을 준다.

- ・一緒に行きませんか。 함께 가지 않겠습니까?

- ・今晩、飲みに行きませんか。 오늘 밤 마시러 가지 않겠습니까?
   こんばん

- ・サムゲタンを食べませんか。 삼계탕을 먹지 않겠습니까?

応用会話

인토네이션 체크 🎧 1-20

サムゲタンはどうですか。↗

いっしょにいきませんか。↗

1　A：何にしますか。
　　　　なに
　　B：私はビビンバにします。
　　　　わたし

2　A：スンデは大丈夫ですか。

　　B：私は食べますが、山田さんはちょっと…。
　　　　た　　　　　　　　やま だ

3　A：韓国の映画を見ます。一緒に見ませんか。
　　　　かんこく　えい が　み

　　B：おもしろそうですね。

4　A：ヘジャンククは二日酔いにいいですよ。
　　　　　　　　　　　　　ふつか よ

　　B：そうですか。じゃ、それにします。

 새 단어

スンデ 순대　　　　　　　　　見みる 보다　　　　　　　　ヘジャンクク 해장국
映画えいが 영화　　　　　　　おもしろい 재미있다　　　　二日酔ふつかよい 숙취

練習問題

1 ( ) 안에 알맞은 말을 넣어 보세요.

일본어	한국어
① ( )です	아주 좋아합니다
② おいしそうですね	( )
③ ( )	유명한 가게
④ ( )ですね	좋아요

2 주어진 단어를 밑줄 친 곳에 넣어 대화해 보세요.

보기

A: 何にしますか。(ジュース)

B: 私はジュースにします。

① 冷麺
   れいめん

② アイスコーヒー

③ ユッケジャン

3 ( ) 안의 단어를 사용하여 대비적으로 말해 보세요.

보기

A: スンデは大丈夫ですか。(私、食べる、山田、ちょっと)

B: 私は食べますが、山田さんはちょっと。

① 辛いキムチは大丈夫ですか。(私、食べる、山田、ちょっと)

→

② お酒は大丈夫ですか。(私、飲む、パク、ちょっと)
さけ

→ _____

③ 日曜日は大丈夫ですか。(私、行く、田中、ちょっと)

→ _____

4 (　　　) 안의 단어를 사용하여 문장을 완성해 보세요.

보기

A: チヂミを作ります。一緒に作りませんか。(作る)
B: わあ、楽しそうですね。(楽しい)

① A: このドラマを見ます。一緒に _____ か。(見る)

B: わあ、_____ そうですね。(おもしろい)

② A: この寿司、一緒に _____ か。(食べる)
すし

B: わあ、_____ そうですね。(おいしい)

③ A: アラビア語を勉強します。一緒に _____ か。(勉強する)

B: _____ そうですね。(難しい)
むずか

元気になるよ! 参鶏湯

힘이 나요! 삼계탕

삼계탕은 영계(若鶏) 한 마리 속에 찹쌀(もち米), 고려 인삼(高麗人参), 대추(ナツメ) 등을 채워 넣고 통째로 푹 끓인(煮込んだ) 영양 만점 요리이다. 닭살이 부드럽게 씹히거니와 뽀얀 국물에 영양이 그대로 녹아 있고 맛도 부드러워 외국인들이 좋아한다. 한국에서 삼계탕은 보통 복날에 많이 먹는다. 최남선의 『조선상식(朝鮮常識)』에 따르면 '복(伏)'은 서기제복(暑気制伏), 즉 여름의 더운 기운을 제압 또는 굴복시킨다는 의미가 있는데, 이는 중국에서 전해진 것으로 우리 궁중에서도 복날에 제사를 지냈다고 한다.

음력 6월에서 7월 사이에 열흘 간격으로 있는 삼복(初伏, 中伏, 末伏), 즉 초복과 말복까지의 30일이 일 년 중 가장 덥다. 때문에 이 삼복에 더위 먹지 말고 건강하게 보내자는 의미에서 먹는 것이 바로 보양식인 삼계탕인 것이다. 대표적인 보양식 재료로 닭고기나 개고기를 들 수 있는데, 이런 음식들은 뜨거운 성질을 가지고 있어 먹었을 때 겉으로는 열이 나지만 몸의 안쪽은 차가워지는 역할을 해 더위를 이기게 한다. 무더운 여름날 땀을 뻘뻘 흘리며 먹는 든든한 영양 만점의 삼계탕 한 그릇은 장어 양념구이를 조금씩 음미하며 알뜰히 먹는 일본인들의 눈에는 왕성한 스태미나의 상징처럼 보인다.

パワーの源! うなぎ

정력의 원천! 장어

한국에서 여름을 나기 위해 삼계탕을 먹는다면, 일본에서는 여름에 더위 먹지 않고 건강하게 보내기 위해 장어 양념구이(鰻の蒲焼)를 먹는다. 장어 양념구이는 대형 슈퍼마켓에 가면 직접 구워서 팔기도 하고 조리된 냉동식품으로도 판매한다.

장어는 평상시에도 일본인이 선호하는 음식이지만 가장 더운 시기인 도요노우시노히(土用の丑の日)에 여름 더위를 이겨내자는 의미로 많이 먹는다. 土用란 立春, 立夏, 立秋, 立冬이 되기 전의 18일간을 말하는데, 특히 立秋(8월 7일경) 전의 여름을 土用라고 한다. 계산해 보면 7월 20일경으로 가장 무더울 때이다. 옛날부터 이때 「う」자가 붙는 음식(うなぎ、うめぼし、うどん、ウリ、牛)

을 먹으면 더위를 이겨낼 수 있다고 했는데, 가장 많이 먹는 것은 역시 장어이다. 한국에서도 음력으로 中伏에 해당하는 시기로, 무더위에 지쳤을 때 보양식으로 건강을 지키고자 하는 생각은 한국이나 일본이나 마찬가지인가 보다.

장어의 요리 종류는 장어 덮밥에서부터 장어 파이까지 여러 가지가 있다. 가장 일반적인 요리법은 장어의 배를 갈라 살짝 구운 후 한 번 쪄서 미림과 설탕을 넣은 간장 양념(蒲焼のタレ)을 묻혀서 숯불에 굽는 가바야키이다. 이렇게 하면 뼈가 연하게 익어 먹기 좋다고 한다. 일본에서는 시즈오카현(静岡県)에 있는 하마나코(浜名湖)라는 호수의 장어가 유명하다.

Lesson 08 どこへ行きたいですか。

🎧 1-21

パク　鈴木さん、ソウルのどこへ行きたいですか。

孝夫　そうですね、私は明洞へ行きたいです。
　　　明洞はカルグクスが有名ですね。私の職業はラーメン屋ですから
　　　韓国の手打ちのカルグクスが食べたいです。

パク　ああ、それはいいですね。京子さんは。

京子　私は古い町が好きですので、仁寺洞へ行きたいです。
　　　そこで韓国の伝統茶も飲みたいです。

キム　それもいいですね。仁寺洞はここから近いですよ。

　　　先に仁寺洞へ行きましょうか。

〜たい	〜하고 싶다
職業しょくぎょう	직업
ラーメン屋や	라면가게
〜屋や	〜을 파는 가게, 〜을 직업으로 가진 사람
〜から	〜때문에
手打てうち	수타
食たべる	먹다
古ふるい	오래되다, 낡다
町まち	거리, 마을
好すきだ	좋아하다
〜が好すきだ	〜을(를) 좋아하다
〜ので	〜때문에
伝統茶でんとうちゃ	전통차
飲のむ	마시다
近ちかい	가깝다
先さきに	먼저

관용 표현

✦ それはいいですね。 그것 좋군요.

✦ それもいいですね。 그것도 좋군요.

✦ 私は古い町が好きです。 저는 옛 거리를 좋아합니다.

문법 정리

문법❶ ～へ

「～へ」는 목적지를 향해 가는 방향을 나타내는 조사로서, 이때는 [he]가 아닌 [e]로 발음한다.

- A：鈴木さん、ソウルのどこへ行きたいですか。 스즈키 씨, 서울 어디에 가고 싶습니까?

  B：そうですね。私は明洞へ行きたいです。 글쎄요. 저는 명동에 가고 싶습니다.
　　　　　　　ミョンドン

- (길거리에서 아는 사람을 만났을 때 주고받는 인사)

  A：どちらへ。 어디 가세요?

  B：ちょっと、そこまで。 잠깐 저기 좀.

문법❷ Vたい

「たい」는 동사의 ます형에 접속하여 '~하고 싶다'는 희망을 나타낸다.
희망의 대상이 「～が」로 표현되는 경우가 있는데, 이것은 동사 쪽보다 대상인 '〇〇을(를)' 자체가 강조되는 느낌을 준다. 다시 말해서 다른 것이면 몰라도, 이것은 꼭 하고 싶다는 '이것'에 포인트가 있는 것이다. 단, 「～に行く(~에 가다)」, 「～に会う(~를 만나다)」, 「～に乗る(~에 타다)」와 같이 함께 쓰는 조사가 정해져 있는 경우에는 「～が」로 바뀌지 않는다.

- 私の職業はラーメン屋ですから、韓国の手打ちのカルグクスが食べたいです。
  저의 직업은 라면을 만드는 것이기 때문에, 한국의 수타 칼국수를 먹고 싶습니다.

- もう一度あの人に会いたい。 한 번 더 그 사람을 만나고 싶다.
　　　いち ど

  手打ちの
  カルグクス ▶

⚠️주의 「～たい」를 써서 희망을 나타낼 수 있는 것은 1인칭(말하는 사람)과 2인칭(상대방)에 제한되며, 제3자인 경우에는 「～たがる(~하고 싶어 하다)」를 써야 한다.

94

문법③ ～が好きだ

우리말의 '～을(를) 좋아하다'에 해당하는 일본어 표현은 な형용사 「好きだ(좋아하다)」를 쓴 「～が好きだ」이다. 여기서 주의할 점은 우리말에서는 좋아하는 대상에 조사 '～을(를)'를 사용하지만 일본어에서는 「～が(이/가)」를 사용한다는 것이다. 즉 일본어에서는 우리말을 그대로 직역하여 「～を好きだ」라고 하면 오용이 되는 것이다.

단, 강조의 의미로 「～は好きだ(～은/는 좋아한다)」나 「～も好きだ(～도 좋아한다)」는 사용할 수 있다.

・私は古い町が好きですので、仁寺洞へ行きたいです。
  저는 옛 거리를 좋아하기 때문에, 인사동에 가고 싶습니다.

・私はボッサムキムチが好きです。　저는 보쌈김치를 좋아합니다.

문법④ 〈원인・이유〉～から

「～から」는 '～때문에'라는 원인・이유를 나타낸다.
이 조사는 특히 접속에 주의하자! 명사나 な형용사는 「～だから」 형태로, い형용사나 동사는 종지형에 「～から」를 접속한다.

・私の職業はラーメン屋ですから、韓国の手打ちのカルグクスが食べたいです。
  저의 직업은 라면을 만드는 것이기 때문에, 한국의 수타 칼국수를 먹고 싶습니다.

・今日は日曜日だから、学校には行きません。
  오늘은 일요일이기 때문에, 학교에는 가지 않습니다.

〈원인・이유〉 ～ので

「～から」와 마찬가지로 원인・이유를 나타낸다.

「～ので」도 접속에 주의하자! 명사나 な형용사는 「～なので」 형태로 접속하고, い형용사나 동사는 종지형에 접속된다. 회화체에서는 「～ので」의 「の」가 변하여 「～んで」로 발음되기도 한다.

・私は古い町が好きですので、仁寺洞へ行きたいです。
    저는 옛 거리를 좋아하기 때문에, 인사동에 가고 싶습니다.

    ⚠참고 「～から」와 「～ので」

「～ので」와 「～から」 모두 원인이나 이유를 나타내지만, 다음과 같은 경우에는 「～から」를 사용하는 것이 자연스럽다.

(1) 「～から」는 말하는 사람의 판단을 나타내는 「～だろう」와 함께 쓰이지만, 「～ので」는 「～だろう」와 같이 쓸 수 없다.

    ・道路がこんでいるだろうから/<s>ので</s>、早めに出発しよう。
    도로가 붐비고 있을 테니까, 일찌감치 출발하자.

(2) 뒤에 오는 술어가 보통체로서 '명령, 권유, 의지'를 나타내는 경우에는 「～から」가 자연스럽다.

    ・時間がないから/<s>ので</s>、急げ。   시간이 없으니까, 서둘러.
    ・明日は早いから/<s>ので</s>、もう寝よう。   내일은 빨리 일어나야 하니까, 이제 자자.

    단, 후반에 정중체가 올 때는 「～ので」도 자연스럽게 사용된다.

    ・時間がないですから/ですので、急いでください。 시간이 없으니까, 서둘러 주세요.
    ・明日は早いですから/ですので、もう寝ましょう。 내일은 빨리 일어나야 하니까, 이제 잡시다.

(3) 다음과 같이 이유를 묻는 질문에 대한 대답으로는 「～から」를 사용하는 것이 훨씬 자연스럽다. 「～から」가 나타내는 이유는 「～ので」보다 훨씬 더 의문문의 초점이 되기 때문이다.

    ・A：どうして図書館がこんでいるんですか。 왜 도서관이 붐비는 거예요?
      B：試験が近いから/<s>ので</s>です。 시험이 얼마 남지 않았기 때문입니다.

応用会話

인토네이션 체크 🎧 1-22

ああ、それはいいですね。

ふるいまちがすきです。

1 A:どこへ行きたいですか。
　　　　　い

　B:漢江の夜景が見たいので、Nタワーへ行きたいです。
　　　ハンガン　やけい　み

2 A:私は韓国の演劇が見たいです。
　　　わたし　かんこく　えんげき

　B:演劇は大学路が有名ですよ。
　　　　　　テハンノ　ゆうめい

3 A:韓国料理は何が好きですか。
　　　　　りょうり　なに　す

　B:私は、石焼きビビンバが好きです。
　　　　　　いしや

◀石焼きビビンバ

4 A:何が食べたいですか。
　　　　た

　B:辛いのが好きですから、キムチチゲが食べたいです。
　　　から

새 단어

演劇 えんげき 연극　　　　　　石焼 いしやき ビビンバ 돌솥비빔밥

料理 りょうり 요리　　　　　　キムチチゲ 김치찌개

練習問題

1 빈칸에 알맞은 말을 넣어 보세요.

	일본어	한국어
①		명동에 가고 싶습니다
②		라면 가게
③	伝統茶も飲みたいです	
④	古い町が好きですので	

2 주어진 단어를 밑줄 친 곳에 넣어 대화해 보세요.

보기

A: どこへ行きたいですか。(Lタワー)

B: Lタワーへ行きたいです。

① 済州島
　チェジュド

② 慶州
　キョンジュ

③ 富士山
　ふ　じ　さん

3　(　　　) 안의 단어를 사용하여 문장을 만들어 보세요.

　　A:　どこへ行きたいですか。**(夜景を見る、Nタワーへ行く)**

　　B:　夜景が見たいので、Nタワーへ行きたいです。

① どこへ行きたいですか。**(買い物をする、デパートへ行く)**

　　→ ＿＿＿＿＿＿＿＿＿＿＿＿＿＿＿＿＿＿＿＿＿＿＿＿

② どこへ行きたいですか。**(コーヒーを飲む、コーヒーショップへ行く)**

　　→ ＿＿＿＿＿＿＿＿＿＿＿＿＿＿＿＿＿＿＿＿＿＿＿＿

4　(　　　) 안의 단어를 사용하여 대화해 보세요.

　　A:　韓国料理は何が好きですか。**(石焼きビビンバ)**

　　B:　私は石焼きビビンバが好きです。

① A:　中華料理は何が好きですか。**(チャンポン)**

　　B: ＿＿＿＿＿＿＿＿＿＿＿＿＿＿＿＿＿＿＿＿＿＿＿＿

② A:　日本料理は何が好きですか。**(しゃぶしゃぶ)**

　　B: ＿＿＿＿＿＿＿＿＿＿＿＿＿＿＿＿＿＿＿＿＿＿＿＿

③ A:　インド料理は何が好きですか。**(カレー)**

　　B: ＿＿＿＿＿＿＿＿＿＿＿＿＿＿＿＿＿＿＿＿＿＿＿＿

モダンと伝統の町、仁寺洞

현대적이면서 전통적인 거리, 인사동

서울에서 가장 전통적인 한국 분위기를 느끼려면 인사동에 가 보자. 인사동 길은 종로2가에서 인사동을 지나 안국동 사거리까지를 말한다. 인사동의 명칭은 조선시대 한성부의 관인방(寬仁坊)과 대사동(大寺洞)에서 가운데 글자 인(仁)과 사(寺)를 따서 부른 것이라고 한다. 인사동은 조선시대의 상류계급이었던 양반의 주거지가 밀집했던 지역으로 일제 강점기에 몰락한 양반이 생계를 위해 가보로 내려온 미술품이나 골동품을 내다 팔면서 골동품 상점이 생기기 시작했다고 한다. 그 후 도자기나 서화 등 미술품을 전시 판매하는 화랑, 갤러리와 인파로 붐비는 거리가 되긴 했지만, 고풍스러우면서 고즈넉한 맛은 여전히 남아 있다.

인사동에는 굽이굽이 골목이 많은데, 그 미로와 같은 골목으로 한 발 들여 놓으면 옛 한옥을 그대로 살려서 만든 한정식집이나 찻집이 곳곳에 숨어 있다. 들어가서 고(古)가구와 골동품을 감상하면서 한정식에 한국 전통주나 전통차를 곁들여 먹으면 서울에도 이런 곳이 있나 싶은 풍류를 즐길 수 있다. 길을 걸으며 화랑과 골동품 가게를 구경하다가 출출해지면 간식으로 포장마차의 엿이나 한과, 인사동 명물인 호떡(ホットクという揚げパン－핫도그ホットドッグ가 아님을 알려주자)을 사 먹는 재미도 빼놓을 수 없다. 임금님의 간식(王様のおやつ)이라고 불리는 꿀 타래는 외국인 관광객이 다가가면 만드는 모습을 시연해 주기도 한다. 인사동 거리는 매일 오전 10시부터 오후 10시까지 '차없는 거리', 즉 보행자 천국으로 지정되어 있어서 느긋하게 전통문화 행사 등을 구경하며 거닐 수 있다.

東京で日本を感じる浅草

도쿄에서 일본을 느끼게 되는 아사쿠사

도쿄에서 가장 전통적인 일본 분위기를 느낄 수 있는 곳 하면 아사쿠사(浅草)이다. 아사쿠사는 센소지(浅草寺)를 중심으로 에도시대(江戸: 17세기 초)부터 번창하기 시작한 도쿄의 서민가를 대표하는 번화가이다. 아사쿠사는 훈독으로 읽는 지명인 데 비해, 같은 한자이지만 센소지는 음독으로 읽는 걸 보면 일본어의 한자는 지명이나 인명의 읽기를 꼭 확인해 봐야 한다는 생각이 든다. 센소지의 기원은 약 1370년 전으로, 어느 날 스미다 강에서 한 어부 형제가 작은 관음상을 올린 데서 유래되었는데, 신심 깊은 이 형제가 그 관음상을 모시기 시작한 곳이 센소지가 되었다고 한다.

센소지 정면 입구에 거대한 제등이 걸린 카미나리몬(雷門: 천둥의 문)을 지나면 호죠몬(宝蔵門), 칸논도(観音堂)까지 남북이 일직선으로 연결되어 있다. 그 중간의 카미나리몬에서 호죠몬까지 250미터에 이르는 곳에 나카미세도오리(仲見世通り)라는 상점가가 있는데, 백화점에서는 볼 수 없는 서민적인 분위기의 일본식 과자가게, 아기자기한 선물 가게, 기념품 가게나 전통적인 인형 가게 등이 줄지어 들어서 있다. 여기에서 목청 높여 손님을 부르는 상인들의 모습에서 옛 일본 서민가의 활기를 느낄 수 있다. 나카미세도오리를 지나면 칸논도 앞의 광장이 펼쳐지는데, 참배를 하거나 오미쿠지(おみくじ: 운세를 보는 제비뽑기)를 하는 사람, 산책하러 온 사람들이 오가는 모습을 볼 수 있다.

칸논도를 향해 오른쪽에는 아사쿠사 신사(浅草神社)가 세워져 있는데, 매년 5월 이 신사에서 열리는 에도 3대 축제의 하나인 산쟈마츠리(三社祭) 축제는 대단한 성황을 이룬다. 초여름을 알리는 명물 축제로 30명이 어깨에 짊어져야 겨우 들어 올릴 수 있는 미코시(神輿: 신의 위패를 모신 가마) 3개를 둘러싸고 2,000여 명이 서로 밀고 당기는 모습은 장엄하기까지 하다.

芸術の町、仁寺洞
げいじゅつ　まち　インサドン

🎧 1-23

キム　　ここが仁寺洞です。仁寺洞は芸術の町です。
　　　　　　インサドン　　　　　　　　　　げいじゅつ　まち

孝夫　　古い建物が多いですね。
　　　　ふる　たてもの　おお

パク　　韓国的なおみやげもたくさんあります。
　　　　かんこくてき

　　　　歩きながら、いろいろ見ましょう。
　　　　ある

❖　　❖　　❖

店員　　いらっしゃいませ。

京子　　わあ、きれいな色ですね。
　　　　　　　　　　いろ

店員　　それは青磁です。韓国の伝統的な陶器です。
　　　　　　チョンジャ　　　　　　でんとうてき　とうき

京子　　そうですか。この青磁のちゃわんがほしいです。お値段は。
　　　　　　　　　　　　　　　　　　　　　　　　　　　ねだん

店員　　5万ウォンです。
　　　　ごまん

京子　　じゃ、それを2つください。

キム　　あちらに伝統茶の店があります。五味子茶でも飲みに
　　　　　　　　　　　　　　みせ　　　　オミジャちゃ　　の

　　　　行きましょう。

102

芸術げいじゅつ	예술
多おおい	많다
建物たてもの	건물
韓国的かんこくてきだ	한국적이다
おみやげ	선물, 토산품
たくさん	많이
ある	있다
歩あるく	걷다
～ながら	~하면서
いろいろ	여러 가지
色いろ	색
伝統的でんとうてきだ	전통적이다
陶器とうき	도기
ちゃわん	그릇, 공기
ほしい	갖고 싶다, 원하다
～がほしい	~을(를) 갖고 싶다
値段ねだん	가격
2ふたつ	두 개
ください	주세요
～でも	~(이)라도
～に行いく	~하러 가다

관용 표현

✦ お値段は。 가격은요?

✦ この青磁のちゃわんがほしいです。 이 청자 그릇을 갖고 싶습니다.

✦ それを2つください。 그것을 두 개 주세요.

문법 정리

문법❶ ～ながら

「～ながら」는 동사의 ます형에 붙어서 '~하면서 (~한다)'라는 동시 동작을 나타낸다.

• 歩きながら、いろいろ見ましょう。 걸으면서, 여러 가지 봅시다.

• テレビを見ながら勉強する。 텔레비전을 보면서 공부한다.

문법❷ ～がほしい

우리말의 '~을(를) 갖고 싶다'에 해당하는 일본어 표현은 い형용사 「ほしい(갖고 싶다)」를 쓴
「～がほしい」이다.
여기서 주의할 점은 우리말에서는 갖고 싶은 대상에 조사 '~을(를)'를 사용하지만 일본어에서는
「～が(이/가)」를 사용한다는 점이다. 즉 일본어에서는 우리말을 그대로 직역하여 「～をほしい」라
고 하면 오용이 되는 것이다.

• この青磁のちゃわんがほしいです。 이 청자 그릇을 갖고 싶습니다.
  チョンジャ
• 新しい車がほしいですか。 새 차를 갖고 싶습니까?
  あた

⚠️주의 앞서 공부한 희망을 나타내는 「～たい」와 마찬가지로 인칭 제한이 있다. 1인칭이나 2인칭
인 경우는 「～がほしい」를 쓰지만, 3인칭인 경우에는 「～をほしがる(~를 가지고 싶어하
다)」를 써야 한다.

Nをください

「ください」는 '주세요'라는 뜻으로, 여기에 대상을 나타내는 조사 「を」가 함께 쓰여 '~을(를) 주세요'라는 표현이 된다.

・じゃ、それを３つください。 그럼 그것을 세 개 주세요.

・コーヒーを２つください。 커피를 두 개 주세요.

Nでも

「～でも」는 명사에 붙어서 '~(이)라도'라는 뜻을 나타낸다.

・五味子茶でも飲みに行きましょう。 오미자차라도 마시러 갑시다.
　オ ミ ジャちゃ

・テニスでもしませんか。 테니스라도 치지 않겠습니까?

▲ 五味子茶

⟨목적⟩ ～に

조사 「～に」에는 여러 가지 용법이 있는데, 여기에서는 목적을 나타낸다. '~하러'라고 해석하며,
주로 명사나 동사의 ます형에 접속한다.

> 飲む　→　(飲み)ます 마십니다
>
> 　　　　(飲み)に行く 마시러 간다
>
> ・五味子茶でも飲みに行きましょう。 오미자차라도 마시러 갑시다.

> 見る　→　(見)ます 봅니다
>
> 　　　　(見)に行く 보러 간다
>
> ・映画でも見に行きませんか。 영화라도 보러 가지 않겠습니까?

応用会話

인토네이션 체크 🎧 1-24

お値段は。↗
（ね だん）

じゃ、それをふたつください。

1 A : 次はどこへ行きましょうか。
　　　（つぎ）　　　　（い）

　 B : お茶でも飲みながら考えましょう。
　　　（ちゃ）　（の）　　　（かんが）

2 A : 何にしますか。
　　　（なに）

　 B : チヂミとドンドン酒をください。
　　　　　　　　　　　（しゅ）

3 A : ブランドのバッグがほしいです。

　 B : じゃ、免税店に買いに行きましょう。
　　　　　（めんぜいてん）（か）　（い）

4 A : 安くて、韓国的なおみやげがほしいです。
　　　（やす）　（かんこくてき）

　 B : 韓国のりはどうですか。

새 단어

次つぎ 다음

お茶ちゃ 차

考かんがえる 생각하다

チヂミ 부침개

ドンドン酒しゅ 동동주

ブランド 상품, 명품

バッグ 가방, 핸드백

買かう 사다

のり 김

練習問題

1 (　　　　) 안의 단어를 사용하여 문장을 완성해 보세요.

> **보기**
>
> 私はじしょがほしいです。(じしょ)

① 私は _____ (おみやげ)

② 私は _____ (こいびと)

③ 私は _____ (ボールペン)

2 **보기** 와 같이 문장을 바꾸어 보세요.

> **보기**
>
> お酒を飲む
> →お酒を飲みに行きましょう。

① 映画を見る

　→ _____

② おみやげを買う

　→ _____

③ ひるごはんを食べる

　→ _____

3 보기 와 같이 문장을 하나의 문장으로 바꾸어 보세요.

보기

コーヒーを飲む。テレビを見る。

→ コーヒーを飲みながらテレビを見る。

① ご飯を食べる。ラジオを聞く。
き

→ _____

② 散歩をする。たばこを吸う。
さんぽ   す

→ _____

③ 新聞を読む。パンを食べる。
しんぶん

→ _____

韓国は陶磁器

한국은 도자기

우리나라의 대표적 자기(磁器)인 청자는 철분이 함유된 유약을 발라 은은한 비취색을 낸 것이다. 영세를 동경하는 구름(雲), 학(鶴), 연못(池), 수양버들(やなぎ)이 섬세하게 그려진 것이 많은 것이 특징으로, 고려시대의 화려한 귀족 문화를 엿볼 수 있다. 조선시대 전기의 분청사기는 분장회청사기의 준말로, 말 그대로 회청색의 몸체에 자토 또는 백토를 발라 문양을 긁어내거나 산화철 등을 이용하여 소박하고 자유로운 그림을 그린 것이 많다. 조선 중기에 많이 만들어지기 시작한 백자는 조선 사대부의 생각이 스민 청초하고 간결하면서도 기품있는, 당시의 중국, 일본과 뚜렷이 대비되는 독특한 품격이 나타나 있다. 여러 가지 상징적 의미를 갖는 용(竜), 모란(牡丹), 당초(唐草), 소나무(松), 매화(梅), 학(鶴) 등의 문양을 여백을 살리면서도 간결하게 표현한 양식은 마치 자연과 마주한 듯한 아름다움을 느끼게 해준다. 그 외 옹기(甕器)는 김치, 간장 등을 담그는 항아리로 처음엔 유약을 씌우지 않는 경질 도기였다. 유약 사용이 일반화된 고려시대 말기~조선시대 초기에 거대한 크기인 옹기에도 유약이 씌워지면서 옹기는 한국인의 일상생활에 없어서는 안 될 중요한 필수품으로 자리 잡았다. 일본인은 화려한 중국 도자기보다는 소박한 한국 도자기를 선호하는데, 그중에서도 고려 청자보다 이조 백자나 막사발, 옹기 등을 더 좋아한다. 현재 도자기는 이천, 여주, 광주 등의 지역에서 활발히 생산되고 있는데, 전국 80% 이상의 도자기 공장이 이 지역에 집중되어 있다. 또한 이들 지역에서는 2년에 한 번씩 세계 도자기 비엔날레(京畿道世界陶磁ビエンナーレ)가 열리는데, 도자기 체험 과정과 제작 과정 관람 등 여러 가지 도예 관련 이벤트가 열린다. 그 밖에 강진청자축제(康津青磁祝祭), 옹기 박물관(オンギ博物館)도 가 볼만 하다.

日本は焼物

일본은 야키모노

우리나라는 도자기라는 한자어를 쓰지만, 일본에서는 '도지키(陶磁器)'라는 말보다 직역하면 '구운 것'이라는 뜻의 '야키모노(焼物)'라는 고유어가 훨씬 널리 쓰인다.(음식점에서 생선구이도 야키모노라고 부른다)

일본은 우리나라와 달리 식기용이나 장식용 도자기를 살 때 생산지를 중요시하므로 도자기를 살 때는 한 번 물어보도록 하자. 세토야키는 아이치현(愛知県) 세토시(瀬戸市) 부근에서 생산되는 '세토모노(瀬戸物: 세토에서 만든 물건·그릇)'라고 일컬어지는 것으로, 비교적 가격이 저렴한 서민용 그릇을 말한다. 한국 가정에서는 서양식 얇은 자기 그릇을 선호하는데 비해 일본 가정에서는 이러한 세토모노를 주로 식기로 쓰며, 이러한 일상생활에서 사용하는 도자기를 파는 곳을 세토모노야(瀬戸物屋)라고 부르기도 한다.

일본 도자기의 발전은 임진왜란 때 조선에서 잡혀간 도공들에 의해 커다란 전환기를 맞는다. 임진왜란 이후 사가현(佐賀県)의 아리타(有田)와 가라쓰(唐津), 후쿠오카현(福岡県)의 아가노(上野)와 다카토리(高取), 구마모토현(熊本県)의 야쓰시로(八代), 야마구치현(山口県)의 하기(萩), 가고시마현(鹿児島県)의 사쓰마(薩摩) 등에 조선 도공의 가마가 들어선 이후 그 후예들의 손에 의해 일본의 대표적인 유명 도자기가 잇따라 만들어졌고, 그 명성이 계속 이어져 일본은 서양에 도자기를 공급하는 최대 생산국이 되었다. 이 중 가장 유명한 것이 일본에서 처음으로 백자를 구웠던 이삼평(李参平)의 아리타야키(有田焼)와 지금도 15대손이 대를 이어가고 있는 심수관(沈壽官) 가(家)의 사쓰마야키(薩摩焼)이다.

韓定食はいかがですか。
かんていしょく

🎧 1-25

キム	暗くなりましたね。もう、7時ですね。

キム　暗くなりましたね。もう、7時ですね。
　　　くら　　　　　　　　　　　　　しちじ

京子　そうですね。 私はおなかがぺこぺこです。
　　　　　　　　　わたし

　　　お昼が早かったですから…。
　　　ひる　はや

パク　じゃ、夕飯にしましょう。韓定食はいかがですか。
　　　　　ゆうはん　　　　　　　かんていしょく

孝夫　韓国の定食ですか。
　　　かんこく　　ていしょく

キム　日本の定食とは違いますよ。テーブルの上にプルコギやナムル、
　　　にほん　　　　　ちが　　　　　　　　　　　うえ

　　　ジョンなど、たくさんの料理が並びます。
　　　　　　　　　　　　　りょうり　なら

　　　韓国料理のフルコースです。

京子　ああ、昨日ガイドブックで見ました。とてもおいしそうでした。
　　　　　きのう　　　　　　　　み

孝夫　へえ、同じ定食ですが、日本のと違いますね。おもしろいですね。
　　　　　おな

パク　じつは、昨日いいお店を予約しました。 そろそろ行きましょうか。
　　　　　　　きのう　　みせ　よやく　　　　　　　　　い

韓定食かんていしょく	한정식
暗くらい	어둡다
~くなる	~해지다, ~하게 되다
もう	이미, 벌써
おなか	배
ぺこぺこ	배가 고픈 것을 나타내는 의태어
お昼ひる	점심(식사)
夕飯ゆうはん	저녁 식사
定食ていしょく	정식
違ちがう	다르다, 틀리다
テーブル	테이블, 상
上うえ	위
たくさんの	많은
並ならぶ	늘어서다, 차려지다
フルコース	풀코스
昨日きのう	어제
ガイドブック	가이드북, 관광 안내 책자
へえ	[감탄사] 놀랐을 때 쓰는 말
同おなじだ	같다
実じつは	(사)실은
予約よやくする	예약하다
そろそろ	슬슬

관용 표현

✦ おなかがぺこぺこです。 배가 고픕니다.

✦ いかがですか。 어떠십니까?

문법① A ～くなる

동사 「なる(되다)」를 써서 '~해지다'라는 변화를 나타내는 경우, い형용사는 어미 「い」를 「く」로 바꿔 접속한다.

- 暗くなりましたね。 어두워졌군요.

- 顔が赤くなりました。 얼굴이 빨개졌습니다.
  かお　あか

문법② V ～ました / V ～ませんでした

「～ました」는 동사의 과거형을 나타낸다. 부정인 경우에는 「～ませんでした」를 사용한다. 접속은 동사의 ます형과 같다.

見る　→　見ます / 見ません　→　見ました / 見ませんでした

- 昨日ガイドブックで見ました。 어제 가이드북에서 봤습니다.

する　→　します / しません　→　しました / しませんでした

- 日曜日は何もしませんでした。 일요일은 아무것도 하지 않았습니다.

문법❸ **～と違う**

동사 「違う」는 '다르다, 틀리다'는 뜻을 나타낸다. 다른 것과 비교해서 '~와(과) 다르다'고 말하는 경우에는 「～と違う」를 사용한다. 「～と」에 다시 조사 「～は」가 붙은 「～とは違う(~하고는 다르다)」는 비교가 되는 대상 자체를 강조해서 말할 때 쓰인다.

・日本の定食とは違いますよ。　일본의 정식과는 달라요.

・注文と違うものが届きました。　주문과 다른 것이 배달되었습니다.
　　ちゅうもん　　　　　　　　とど

応用会話

인토네이션 체크 🎧 1-26

おなかがぺこぺこです。

いかがですか。／

1　A : 寒くなりましたね。
　　　 さむ
　　 B : もう、冬ですね。
　　　　　 ふゆ

2　A : お昼は食べましたか。
　　　 ひる 　 た
　　 B : はい、もう食べました。

3　A : お店は予約しましたか。
　　　 みせ 　よやく
　　 B : いいえ、しませんでした。

4　A : 韓国のと違いますね。
　　　　　　 ちが
　　 B : ええ、そうです。

새 단어

寒さむい 춥다　　　　　　　　冬ふゆ 겨울

116

練習問題

연습문제

1 보기 와 같이 주어진 단어를 사용하여 대화해 보세요.

보기

あつい / なつ	A:	あつくなりましたね。
	B:	もう、なつですね。

① あたたかい / はる ② さむい / ふゆ ③ すずしい / あき

2 (　　　) 안의 단어를 사용하여 문장을 완성해 보세요.

보기

同じ定食ですが、日本のと違いますよ。(定食)

① ＿＿＿＿＿＿＿＿＿＿、日本のと違いますよ。(はし)

② ＿＿＿＿＿＿＿＿＿＿、山田さんのと違いますよ。(車)

③ ＿＿＿＿＿＿＿＿＿＿、中国のと違いますよ。(緑茶)
りょくちゃ

3 보기 와 같이 질문에 답해 보세요.

보기

A: 昨日映画を見ましたか。

B: いいえ、見ませんでした。

① A: 昨日ニュースを見ましたか。

B: いいえ、＿＿＿＿＿＿＿＿＿＿＿＿＿＿。

② A: 先週先生に会いましたか。
せんしゅう

B: いいえ、＿＿＿＿＿＿＿＿＿＿＿＿＿＿。

③ A: 今日何か買いましたか。

B: いいえ、何も＿＿＿＿＿＿＿＿＿＿＿＿。

Lesson 10 韓定食はいかがですか。　117

味で楽しむ韓定食

맛으로 즐기는 한정식

일본에서 「定食」라고 하면 돈가스 정식처럼 메인 메뉴에 밥과 된장국, 그리고 한두 가지 반찬이 딸려 나오는 것이 보통이지만, 한국에서 한정식이라고 할 때는 조선시대 연회에 차려졌던 궁중 요리를 바탕으로 만든 것으로, 음양오행설에 바탕을 둔 오미(五味: 단맛·신맛·매운맛·쓴맛·떫은맛)와 오색(五色: 赤·緑·黄·白·黒)의 조화를 기본으로 한 한국 전통 요리의 풀코스라고 할 수 있다. 한국 음식은 푸짐함과 함께 스태미나를 위해 먹는 요리이므로, 고급 한정식은 수십 가지의 반찬과 압도될 정도로 화려한 많은 종류의 음식이 나온다. 음식을 필요한 만큼만 차리고 남기면 실례라고 생각하는 일본인에게는 당황스러울 정도로 많은 양이다. 그래도 한정식의 장점은 차가운 요리, 따뜻한 요리, 고기 요리, 생선 요리, 야채, 탕국 등 여러 가지를 한 번에 맛볼 수 있다는 점이니, 부담갖지 말고 마음껏 먹어 보기 바란다.

한정식에도 여러 가지 종류가 있는데, 궁중식을 보다 서민적이고 현대풍으로 만든 한정식, 각 지방 고유의 특산물을 살린 시골풍 한정식, 산채를 위주로 하여 양념도 담백한 사찰식 한정식 등 아주 다양하다. 최근에는 '한국의 집'과 같이 전통 한옥의 온돌방에서 민속 무용을 보면서 임금님의 기분으로 즐길 수 있는 고급 한정식에서부터 세련된 서양식 레스토랑에서 즐기는 현대화된 퓨전 한정식까지 다양한 스타일로 맛볼 수 있다.

目で楽しむ会席料理

보기에도 아름다운 가이세키요리

일본 요리의 풀코스를 먹어보고 싶으면 가이세키 요리 (会席料理)를 시켜 보자. 나오는 요리의 가짓수도 20여 가지가 넘어 한정식 못지않지만, 멋스러운 도자기 그릇에 자연을 모티브로 한 모양으로 담겨져 나온다. 일본 요리는 모양을 중시하므로 먹기 아까울 정도로 예쁘게 차려져 나오는데, 우선 먹기 전에 눈으로 즐기고 먹는 모습도 아름답게 먹는 것이 식사 예법이라 할 수 있다. 가이세키 요리(会席料理)는 같은 발음의 가이세키 요리(懐石料理)에서 발전된 것으로 여기에서 가이세키(懐石)는 스님들이 공복을 이기기 위해 따뜻하게 데운 돌을 가슴에 품고 있었다는 데서 유래한 말이라고 한다. 가이세키 요리(懐石料理)는 차를 즐기기 위해 다도 전에 준비되는 식사로, 처음에는 3종류 정도의 요리가 제공되었는데 차츰

다도가 일본의 지배층인 사무라이 계층에 의해 널리 퍼지면서 차를 마시는데 필요한 요리에서 술도 곁들여 마시는데 필요한 요리로 변화해 갔다. 이렇게 변한 것이 술자리, 즉 연회를 즐기기 위한 가이세키 요리(会席料理)이다. 가이세키 요리(会席料理)는 보통 일본의 온천 여관에 묵게 되면 저녁 식사로 나오는 것으로 일본 요리의 모든 종류가 한 가지씩 제공된다. 작은 접시에 담겨 한 사람씩 개인별로 제공되는 상 위에 전채 요리, 생선회, 따뜻한 국물이 있는 요리, 튀김, 구이, 조림과 함께 밥, 그리고 후식이 제공된다. 온천 여관에 묵지 않아도 5,000엔 정도부터 시작되는 간략화된 쇼카이세키 요리(小会席料理)를 맛볼 수 있는 일반 레스토랑도 있다.

음성 스크립트 해석

Lesson 1 공항에서

🎧 1-07

김 스즈키 씨, 여기입니다.

교코 아, 김〇〇 씨, 안녕하세요. 오랜만입니다.

김 오랜만이네요. 이쪽은 제 아내입니다.

박 처음 뵙겠습니다. 박미나입니다.

교코 스즈키 교코입니다. 잘 부탁드립니다.

🎧 1-08

1 A: 이쪽은 제 남편입니다.

   B: 처음 뵙겠습니다. 스즈키 다카오라고 합니다.

2 A: 김〇〇 씨, 안녕하세요.

   B: 스즈키 씨, 안녕하세요. 한국에 어서오세요.

3 A: 처음 뵙겠습니다. 서울 여행사의 정〇〇라고 합니다. 잘 부탁드립니다.

   B: 이쪽이야말로 잘 부탁드립니다.

4 A: 공항은 이쪽입니까?

   B: 이쪽이 아닙니다. 저쪽입니다.

Lesson 2 공항에서 서울까지

🎧 1-09

김 호텔은 명동이지요.

교코 네. 명동까지 어느 정도 걸립니까?

김 리무진 버스로 1시간 반 정도입니다.
    매표소는 저쪽입니다.

교코 표는 얼마예요?

김 7천 원입니다.

박 한국은 처음입니까?

교코 · 다카오   네, 처음입니다.

🎧 1-10

1 A: 공항에서 대학로까지 어느 정도 걸립니까?

   B: 한 시간 (하고) 좀 더 걸립니다.

2 A: 버스 승강장은 여기입니까?

   B: 아니요, 여기가 아닙니다. 저기입니다.

3 A: 잠실까지 택시로 얼마입니까?

   B: 4만 원 정도입니다.

4 A: 호텔은 어디입니까?

   B: 명동입니다.

Lesson 3 리무진 버스 안에서

🎧 1-11

다카오 이 다리, 기네요.

김 영종대교예요. 길이는 4,420미터입니다.

교코 경치가 매우 좋네요.

박 한강의 야경도 좋아요.

다카오 저기는 뭡니까?

박 김포공항입니다. 국내선 공항이지요.

❁   ❁   ❁

김 여기가 호텔입니다.

교코 아주 빨리 왔네요.

🎧 1-12

1 A: 한강은 다리가 많네요.

   B: 네. 야경도 예뻐요.

2 A: 저 빌딩은 무엇입니까?

   B: L타워입니다. 서울에서 가장 높은 타워지요.

3 A: 한국은 교통비가 싸군요.

   B: 하지만 영종대교 통행료는 싸지 않아요.

4 A: 한강의 야경은 좋았습니까?

   B: 네, 좋았어요.

Lesson 4　체크인

  1-13

프런트　어서 오세요. 성함은 (어떻게 되십니까)?

다카오　스즈키 다카오입니다.

프런트　스즈키 다카오 님. 두 분이시고 트윈 룸에 3박이시군요.

다카오　네.

프런트　그럼, 이쪽에 성함과 연락처를 부탁드리겠습니다.

다카오　저, 조용한 방을 부탁합니다.

프런트　네, 알겠습니다. 이쪽이 방 열쇠입니다. 방은 605호실입니다. 아주 조용합니다.

1-14

1 A: 방은 더블 룸이군요.

　　B: 저, 온돌방을 부탁합니다.

2 A: 경치가 예쁜 방을 부탁합니다.

　　B: 네, 알겠습니다.

3 A: 이 호텔은 유명합니까?

　　B: 아니요, 별로 유명하지 않습니다.

4 A: 빵에 햄과 달걀을 부탁합니다.

　　B: 빵에 햄과 달걀이군요. 알겠습니다.

Lesson 5　레스토랑은 없나요?

1-15

교코　호텔에 레스토랑은 없습니까?

박　　아니요, 14층에 있어요. 일식 레스토랑도 있습니다.

다카오　그래요? 여기는 사우나도 있습니까?

박　　사우나는 없습니다. (그런데) 근처에 찜질방이 있습니다.

다카오　찜질방이라는 게 무엇입니까?

박　　한국식 사우나예요.

다카오　그래요?

교코　면세점은 몇 층에 있습니까?

김　　면세점은 옆 빌딩에 있습니다.

  1-16

1 A: 지하에 바가 있군요.

　　B: 좋네요. 같이 (가는 게) 어떻습니까?

2 A: 온돌이란 게 무엇입니까?

　　B: 한국식 바닥 난방 시스템입니다.

3 A: 호텔에 커피숍은 없습니까?

　　B: 그렇네요. 2층에 있어요.

4 A: 옥상에는 무엇이 있습니까?

　　B: 비어 가든이 있습니다.

Lesson 6　몇 시쯤에 만날까요?

1-17

(전화를 받으며)

교코　네.

김　　여보세요? 김○○인데요….

교코　아, 김○○ 씨.

김　　스즈키 씨, 방은 어떻습니까?

교코　매우 조용하고 깨끗한 방이에요.

김　　아, 그것 참 잘됐군요. 그런데 몇 시쯤 만날까요?

교코　글쎄요. 지금 괜찮으세요?

김　　네, 괜찮습니다. 그럼 곧 가겠습니다.

  1-18

1 A: 여보세요, 박○○라고 합니다만, 스즈키 씨 부탁합니다.

　　B: 네, 전데요.

2 A: 한국 사람은 어떻습니까?

　　B: 친절하고 상냥합니다.

3 A: 어디에서 만날까요?

　　B: 1층 커피숍에서 만나요.

4 A: 몇 시쯤 갈까요?

　　B: 7시쯤 가요.

Lesson 7 삼계탕은 어때요?

본문 회화　　　　　　　🎧 1-19

김　　스즈키 씨, 매운 것은 괜찮습니까?

다카오　저는 매우 좋아합니다만, 교코는 좀….

박　　그럼 삼계탕은 어떻습니까? 삼계탕은 영계로 만든 수프예요. 영계 속에 인삼, 찹쌀, 마늘 등이 들어갑니다, 몸에도 좋아요.

교코　와, 맛있겠네요. 그걸로 할게요.

김　　저기 유명한 삼계탕집이 있어요. 같이 가실래요?

다카오　좋아요. 갑시다.

응용 회화　　　　　　　🎧 1-20

1 A: 무엇으로 하실래요?

　　B: 저는 비빔밥으로 하겠습니다.

2 A: 순대는 괜찮습니까?

　　B: 저는 먹습니다만, 야마다 씨는 좀….

3 A: 한국 영화를 볼 거예요. 함께 보지 않겠습니까?

　　B: 재미있을 것 같네요.

4 A: 해장국은 숙취에 좋습니다.

　　B: 그렇습니까? 그럼 그걸로 하겠습니다.

Lesson 8 어디에 가고 싶으세요?

본문 회화　　　　　　　🎧 1-21

박　　스즈키 씨, 서울 어디에 가고 싶으세요?

다카오　글쎄요. 저는 명동에 가고 싶어요. 명동은 칼국수가 유명하지요. 저의 직업은 라면을 만드는 것이기 때문에, 한국의 수타 칼국수를 먹고 싶네요.

박　　아, 그거 좋네요. 교코 씨는요?

교코　저는 오래된 거리를 좋아해서, 인사동에 가고 싶어요. 거기서 한국의 전통차도 마시고 싶어요.

김　　그것도 좋겠네요. 인사동은 여기에서 가까워요. 먼저 인사동에 갈까요?

응용 회화　　　　　　　🎧 1-22

1 A: 어디에 가고 싶습니까?

　　B: 한강 야경을 보고 싶으니까 N타워에 가고 싶습니다.

2 A: 저는 한국 연극이 보고 싶습니다.

　　B: 연극은 대학로가 유명합니다.

3 A: 한국 요리는 무엇을 좋아하십니까?

　　B: 저는 돌솥비빔밥을 좋아합니다.

4 A: 무엇을 먹고 싶습니까?

　　B: 매운 것을 좋아하니까 김치찌개가 먹고 싶습니다.

Lesson 9 예술의 거리, 인사동

본문 회화　　　　　　　🎧 1-23

김　　여기가 인사동입니다. 인사동은 예술의 거리이지요.

다카오　옛 건물이 많네요.

박　　한국적인 기념품도 많아요. 걸으면서 이것저것 봅시다.

　　　　　　　✿　　✿　　✿

점원　어서오세요.

교코　와, 예쁜 색이네요.

점원　그건 청자예요. 한국의 전통적인 도자기입니다.

교코　그렇습니까? 이 청자 그릇을 사고 싶네요. 가격은?

점원　5만 원입니다.

교코　그럼, 그거 두 개 주세요.

김	저쪽에 전통 찻집이 있습니다. 오미자차라도 마시러 갑시다.

1 A: 다음은 어디에 갈까요?

   B: 차라도 마시면서 생각합시다.

2 A: 무엇으로 하실래요?

   B: 부침개와 동동주를 주세요.

3 A: 명품 가방을 가지고 싶어요.

   B: 그럼 면세점에 사러 갑시다.

4 A: 싸고 한국적인 선물을 가지고 싶어요.

   B: 한국 김은 어떻습니까?

2 A: 점심(밥)은 먹었습니까?

   B: 네, 이미 먹었습니다.

3 A: 가게는 예약했습니까?

   B: 아니요, 안 했어요.

4 A: 한국 것과는 다르군요.

   B: 네, 그렇습니다.

Lesson 10 한정식은 어때요?

본문 회화 1-25

김 어두워졌네요. 벌써 7시예요.

교코 그렇네요. 전 배가 고파졌어요. 점심을 빨리 먹어서….

박 그럼, 저녁을 먹으러 가지요. 한정식은 어떻습니까?

다카오 한국의 정식입니까?

김 일본의 정식과는 다릅니다. 상 위에 불고기랑 나물, 전 등, 많은 요리가 차려져요. 한국 요리의 풀코스지요.

교코 아, 어제 가이드북에서 봤습니다. 아주 맛있어 보였어요.

다카오 와, 같은 정식인데, 일본과 다르군요. 참 재미있네요.

박 실은, 어제 좋은 가게를 예약했습니다. 슬슬 갈까요?

응용 회화 1-26

1 A: 추워졌군요.

   B: 벌써 겨울이네요.

일본어의 문자와 발음

1 **①** a **②** c **③** d **④** d **⑤** d

2 **①** b **②** b **③** a **④** b **⑤** a

    ⑥ a **⑦** b **⑧** b **⑨** a **⑩** a

    ⑪ b **⑫** b **⑬** b **⑭** a **⑮** a

Lesson 1 공항에서

1 ① わたし
    ② こちら
    ③ はじめまして

2 ① 韓国旅行代理店のユンと申します。
    ② 韓国大学のパクと申します。
    ③ KTTのキムと申します。

3 ① ほんとうにお久しぶりですね。
    ② キムさん。
    ③ どうぞよろしくお願いします。

4 교재 참조

Lesson 2 공항에서 서울까지

1 ① ホテル
    ② バス
    ③ チケット

2 교재 참조

3 ① いくら
    ② どれくらい
    ③ どこ

4 ① でんしゃで１時間ぐらいです。
    ② じてんしゃで１５分ぐらいです。
    ③ バスで１０分ぐらいです。

Lesson 3 리무진 버스 안에서

1 ① あそこはシルバーシートです。
    ② あそこはロッカールームです。
    ③ あそこはＬタワーです。

2 ① 安くありません。
    ② 軽くありません。
    ③ 速くありません。

3 ① チョンガクキムチです。おいしいキムチです。
    ② 漢江です。ながい川です。

Lesson 4 체크인

1 ① 名前
    ② 二名様
    ③ 連絡先

2 교재 참조

3 ① あまりしずかではありません。
    ② あまり便利ではありません。
    ③ あまり上手ではありません。
    ④ あまり好きではありません。

4 ① 交通が便利なホテル
    ② 日本語が上手なガイドさん

Lesson 5   레스토랑은 없나요?

1　① わ し ょ く
　　② な ん が い
　　③ め ん ぜ い て ん

2　교재 참조

3　① オンドルって何ですか。
　　② ハンボクって何ですか。
　　③ オイキムチって何ですか。

4　① どこに
　　② 郵便局
　　③ 隣
　　④ あります

Lesson 6   몇 시쯤에 만날까요?

1　① うたいます
　　② まちます
　　③ のります
　　④ のみます
　　⑤ みます
　　⑥ する
　　⑦ くる

2　① いつ
　　② なに
　　③ どこ

3　① 親切でやさしいです。
　　② しずかでいいです。
　　③ 有名でやすいです。
　　④ きれいでおいしいです。

4　① 山田と申しますが、田中さんをお願いします。
　　② 佐藤と申しますが、渡辺さんをお願いします。

③ 張と申しますが、鈴木さんをお願いします。

Lesson 7   삼계탕은 어때요?

1　① 大好きです
　　② 맛있을 것 같네요
　　③ 有名なお店
　　④ いい

2　교재 참조

3　① 私は食べますが、山田さんはちょっと。
　　② 私は飲みますが、パクさんはちょっと。
　　③ 私は行きますが、田中さんはちょっと。

4　① 見ません／おもしろ
　　② 食べません／おいし
　　③ 勉強しません／難し

Lesson 8   어디에 가고 싶으세요?

1　① 明洞へ行きたいです
　　② ラーメン屋
　　③ 전통차도 마시고 싶습니다
　　④ 옛 거리를 좋아하기 때문에

2　교재 참조

3　① 買い物がしたいので、デパートへ行きたいです。
　　② コーヒーが飲みたいので、コーヒーショップへ行きたいです。

4　① 私はチャンポンが好きです。
　　② 私はしゃぶしゃぶが好きです。
　　③ 私はカレーが好きです。

Lesson 9　예술의 거리, 인사동

1　① おみやげがほしいです。
　　② こいびとがほしいです。
　　③ ボールペンがほしいです。

2　① 映画を見に行きましょう。
　　② おみやげを買いに行きましょう。
　　③ ひるごはんを食べに行きましょう。

3　① ご飯を食べながらラジオを聞く。
　　② 散歩をしながらたばこを吸う。
　　③ 新聞を読みながらパンを食べる。

Lesson 10　한정식은 어때요?

1　교재 참조

2　① 同じはしですが
　　② 同じ車ですが
　　③ 同じ緑茶ですが

3　① 見ませんでした。
　　② 会いませんでした。
　　③ 買いませんでした。

MEMO

리얼 관광 일본어 ❶

초판인쇄	2021년 7월 15일
1판 2쇄	2023년 4월 20일
저자	이경수, 박민영, 송정식, 김진희, 미네자키 도모코
책임 편집	김성은, 조은형, 무라야마 토시오
펴낸이	엄태상
디자인	이건화
조판	김성은
콘텐츠 제작	김선웅, 장형진
마케팅	이승욱, 왕성석, 노원준, 조성민, 이선민
경영기획	조성근, 최성훈, 정다운, 김다미, 최수진, 오희연
물류	정종진, 윤덕현, 신승진, 구윤주
펴낸곳	시사일본어사(시사북스)
주소	서울시 종로구 자하문로 300 시사빌딩
주문 및 교재 문의	1588-1582
팩스	0502-989-9592
홈페이지	www.sisabooks.com
이메일	book_japanese@sisadream.com
등록일자	1977년 12월 24일
등록번호	제 300-2014-31호

ISBN 978-89-402-9331-7 (14730)
　　　978-89-402-9330-0 (set)